【文庫クセジュ】

新聞・雑誌の歴史

ピエール・アルベール著

斎藤かぐみ訳

Que sais-je?

白水社

Pierre Albert, *Histoire de la presse*
(Collection QUE SAIS-JE ? N° 368)

目次

序

新聞・雑誌《プレス》の歴史は、対象を明確に定めがたい。

第一に、その構築および理解のためには、文学史や経済史、社会運動史のような他の通史の場合と同じく、常に社会全体の変化を視野に入れる必要があるからだ。歴史研究のあらゆる主題のなかでも、時の政治や経済に起きた変動、人々の教養や嗜好に生じた変化、それぞれの国や時代に登場した革新的な技術と最も深く結びついた主題である、とすらいえるかもしれない。

第二に、その草創期から存在し、今般ますます顕著になっている特徴だが、新聞・雑誌は他の社会的伝達手段から截然と切り分けがたい。単なる会話、講義や説教、演説といった口頭の伝達。壁面の刻文、貼り紙、商用・行政の書簡、私的な通信文といった文書。十五世紀以降は報知草紙《フーユ・ヴォラント》や小冊子、書籍といった印刷物。十九世紀以降は電信文。二十世紀以降は映画、ラジオ、次いでテレビといった視聴覚媒体。現代ではコンピューター・ネットワーク、グローバル化したインターネットといったデジタルのコミュニケーション。以上のさまざまなメディアは、物理的媒体《シュポール》も内容《コンテンツ》も、恒常的か定期的かという時間性も異なっているものの、ニュースや知識、サービス、そして気晴らしを一斉に送り出すという似通った機能をもつ。新聞・雑誌の歴史にかかわる第三の問題は、それを担ってきた機関の多様性にある。逐次刊行物なる括りには、時代を追って増え続けた種々雑多な題号が含まれており、全体としてのまとまりが捉えにくい。新聞・雑誌をあつかう歴史家は、森全体と個々の木々を同時に示すという困難に直面する。論をおこすにあたっては、製作から流通にいたる市場の状況、事業に携わる企業にも編集者にもかかわる法的地位を概説する。個別の新聞の叙述に際しては、発行人や編集部に触れ、媒体《コンテナ》の輪郭を描いたうえで、きわめて多岐にわたる内容を論述する。さらに新聞の読者をも視野に入れて、その社会的特徴を数と質の両面から探究し、新聞が読者の考え方や振る舞い、あるいは直接的に各種の政治的、経済的、文化的権力をもつ者に与えた影響を慎重に論じる。簡略化していえば、以上が歴史家に求められる作業である。

新聞・雑誌の歴史はまた、さまざまな意味で補助的な学問である。昔の新聞のコレクションという比類のない、とはいえ膨大かつ饒舌な史料を、近現代史家がうまく活用できるようサポートする。往時の日常について新聞アーカイブが物語る証言は欠かせないとはいえ、有効に活用するには、それらの証言者の特質を押さえておかなければならないからだ。

新聞・雑誌の歴史の醍醐味は、当時は大きな注目を集めた事件や、昔の人々の日々の関心事や、かつての記者たちの情熱が、古びた記事と図版の堆積のなかから時を超えて浮かび上がってくるところにある。しかし本書はそこまで読者に伝えることができず、どちらかといえば潤いのない簡略な概説書にとどまるものである。

第一章　新聞の前史とガゼットの誕生

Ⅰ　「新聞の先祖」

情報伝達の必要はあらゆる社会的営為の基本的所与のひとつであり、印刷術のなかった文明にもジャーナリズムに相当するものは見出される。ギリシアにはアオイドス、中世にはトゥルヴェール、アフリカにはグリオ。人々の知識欲のあるところには必ず歴史の語り部がいる。ホメロスから中世末期の年代記作者、ヘロドトスからマルコ・ポーロにいたるまで、こんにちの報告記事《ルポルタージュ》に通ずる著作は、大事件の話を後世まで残したい、外の世界のことを話したいという心情から生み出された。古代や中世の大小の帝国では行政の必要上、情報を市井から収集し、市井に流布するネットワークが構築されていた。まず伝令官がニュースや命令を口頭あるいは文書で伝え、次いで各地の触れ役や立て札など多種多様な手段を通じて、巷間にそれなりに周知された。文字をもつ文明であれば、「官立」ネットワークとは別に私的な通信文がやりとりされ、組織性のある一般人コミュニティ・宗教コミュニティ・文化コミュニティ、実業家あるいは支配階層のメンバーに、公私の狭い関係を超えたニュースを定期的にもたらしていた。

Ⅱ　新聞の直接のルーツ

このように諸々の文明、組織性のある社会には、それぞれ新聞や新聞記者の「先祖」が見出されるが[1]、逐次刊行物の誕生を説き起こすのに、そこまで古い例を持ち出すのは無理があるだろう。直接のルーツとして挙げることのできる具体的な事例があるからだ。

（1）古代ローマでは共和政末期に、いわば元老院の公刊議事録である『アクタ・セナトゥス』と並んで、『アクタ・ディウルナ』が現われた。専門の作業所で筆写され、富裕層の間に膾炙した『アクタ・ディウルナ』は、ローマの日々のニュースと風聞を掲載した新報にほかならず、編集にあたったアクトゥアリウス（書士）たちは、手書きニュース屋に相当する存在だった。中国では、九世紀の終わりには『京報』〔当初の呼称は『邸報』〕が現われていた。この宮廷官報は最初は月報で、一三六一年に週報、一八三〇年に日報となった。

1　情報伝達の新たな必要

十五世紀以降のヨーロッパにおいて、以下の一連の複合的な要因により、ニュースの交換や思想の交流が目に見えて盛んになる。ルネサンス、次いで宗教改革のもとで、人々の興味が多様化。地理上の大発見がヨーロッパの地平を拡大。銀行事業と貿易が伸長するにつれ、情報交換が発達。新たな近代国家の行政上の必要から、新たな情報伝達ネットワークが創設。西欧を引き裂いた数々の戦争のなかで、ニュースへの欲求が高まって、情報の流通が促進。

2　新たな通信手段

主要な近代国家の成立にともない、より確実で定期的な通信の制度が整備された。国営の郵便業務がフランスでは一四六四年にルイ十一世の下命により、英国では一四八一年にエドワード四世の下命により、神聖ローマ帝国では一四九〇年にマクシミリアンの下命を受けたフランツ・フォン・タクシスによって開始された。

印刷術の誕生――グーテンベルクが一四三八年から五四年の間にシュトラスブルク（現ストラスブール）、次いでマインツで実用化した活版印刷は、十五世紀後半に急速に広まった。同一のテキストを正確に複製できるため、手書きではありえなかった規模で文書が流通するようになった。しかしながら、印刷された逐次刊行物が出現するのは、印刷術の発明から一世紀半あまり先のことになる。その間には、種々さまざまな文書がちまたを賑わせた。

3　手書きニュース

遅くとも十四世紀にはニュースが商品化されており、王侯や商人を相手に定期的に手書き通信文を送るニュース屋（イタリアではメナンテ）が登場していた。そうしたニューズレターには、イタリア語でアッヴィーゾと題されたものが多い。当時はヴェネツィアが交易の十字路として、この種の文書流通の一大中心地となっていたからだ。ニューズレターは十六世紀に急激に広がり、ヨーロッパ各地に後々まで残存する。

4　報知草紙

不定期刊行物——十五世紀の終わりには印刷商の手で四ページ、八ページまたは一六ページからなる小型ノート状の報知草紙が発行された。木版の挿し絵入りもあった。戦役、王侯の葬儀、祭儀のような重要事件を伝えたり、どこかのアッヴィーゾの中身を転載したり、といった内容である。ラテン語でレラツィオ、フランスでオカジョネル、ドイツではツァイトゥング、イタリアではガッゼッタ、コランタと称される報知草紙は、書店での店頭売りや主要都市での呼び売りによって流通した。

風説草紙——さらに下ると、また別の種類の報知草紙が出現する。必ずしも近時の事件というわけでもない怪異譚や犯罪事件、天変地異その他さまざまな異常な事件を記した風説草紙《カナール》である。フランスでは一五二九年のものが最古として知られている。

罵倒草紙——十六世紀初めからの宗教改革と対抗宗教改革の時代には、大量の報知草紙が印刷され、宗教論争に加えて政治論争も繰り広げた。そうした罵倒草紙《リベル》、中傷草紙《ブラカール》、歌謡草紙《シャンソン》の続出を見たヨーロッパの諸国家は、印刷物の取り締まりと検閲に関する厳しい法規を定めた。教会による従来の検閲に加えて世俗の権力による独自の検閲が始まったのは、ドイツでは一五二四年、フランスでは一五三七年、英国では一五八六年のことである。以降、一連の宗教対立のなかで、多数の発行人や販売人が訴追された。

これら三種の報知草紙は当初から、主要動向にかかわる事実報道《アンフォルマシオン》、身近な事件や雑報の掲載、（ほとんどの場合は批判的な）意見の表明、というジャーナリズムの三つの主要な役割をいかんなく担っていた。

5　逐次刊行物の草分け

逐次刊行物の草分けは年鑑《アルマナック》である。年鑑という形態は、マインツで一四五六年（?）《ママ》に印刷が始まった暦から派生した。フランスでは一四八六年のものが最古として知られている。ドイツでは過去一年間または半年間の主要な出来事をまとめた年代記も登場した。フランクフルト・アム・マインで年に二度の見本市の際に、ミヒャエル・フォン・アイツィングが一五八八年から定期発行したメッスレラツィオーン（見本市通信）がそれである。フランスではパルマ・カイエが『九年記』（一五八九〜九八年）、次いで『七年記』（一五九八〜一六〇五年）を出した。一六一一年に彼の年代記を引き継ぐかたちで『メルキュール・フランセ（フランスのメルクリウス＝伝令使）』が生まれ、一六四八年まで年次刊行された。

6　先駆形態の存続

不定期に出されるニュース文書は、逐次刊行物の誕生後も消え去ってはいない。ニューズレターは十七世紀、十八世紀もますます盛況で、その書き手はニュースの供給源としてガゼット発行人と並ぶ大きな影響力を及ぼした。少なくとも一七八九年〔のフランス革命〕までは、彼らの情報ネットワークが新聞・雑誌のそれを有意に補完していた。政治的にも、手書きニュース屋は見過ごせない意義をもつ。

風説草紙・歌謡草紙・絵草紙のような報知草紙、年鑑、宗教的小冊子、さまざまな神秘学的印刷物は、少なくとも十九世紀中葉まで盛んであった。それらは民衆向けの「呼び売り文芸」の一角を占め、今でこそ埋もれた存在になっているが、逐次刊行物以上に決定的な影響力を当時の民衆のメンタリティに及ぼした。以上のような報道の先駆形態は、廉価紙が普及した十九世紀の終わりに葬り去られた。とはいえ風説草紙の様式は大衆ジャーナリズムに引き継がれ、そのモチーフとテーマがそっくり新聞小説に再現されることになる。

Ⅲ　ガゼットの草創期

さて、定期刊行物の出版条件は今や整った。ガゼット市場は三十年戦争（一六一八〜四八年）の騒乱のなかで勢いづいていく。まず一五九七年二月にアウグスブルクで、年代記形式の月報をザームエル・ディルバウムが発行した。アントウェルペンでは一六〇五年五月十七日から〇七年まで月二回ペースで、印刷商アブラハム・ヴェルフーヴェンの『ニーウェ・テイディンヘ（新潮流）』が刊行され、後に不定期刊で復活した。週報は一六〇五年にシュトラスブルクに登場、さらにヴォルフェンビュッテル（一六〇九年）、バーゼル（一六一〇年）、フランクフルト（一六一五年）、ベルリン（一六一七年）、ハンブルク（一六一八年）、シュトゥットガルト（一六一九年）、プラハ（一六一九年）、ケルン（一六二〇年）、アムステルダム（一六二〇年、ただし一六〇九年に試みられた可能性あり)、といった具合に続々と出現した。[1] ロンドンでは、〔英語で書かれた〕オランダ紙が出回り始めたのが一六二〇年、国内初のコラントたる『イタリア、ドイツ、ハンガリー、ボヘミア、プファルツ、フランス、ロー・カントリーズからの週間ニュース』がトーマス・アーチャーの手で発刊されたのが一六二二年である。定期発行のガゼットはフィレンツェには一六三六年、ローマには一六四〇年、ストックホルムには一六四五年に登場し、マドリードでは一六六一年に『ガセータ』、サンクトペテルブルクでは一七〇三年にピョートル大帝によるロシア初の新聞が創刊された。

(1)「プラハ(一六一九年)」「アムステルダム(一六二〇年)」については確認がとれなかった。総じて当該都市での現地語刊行物を挙げているのではないかと思われるものの、オランダ発行の英語紙も混じえられているためである〔訳注〕。

Ⅳ テオフラスト・ルノドーと『ガゼット』

フランスでは、〔ルイ十三世治下の〕一六三一年にテオフラスト・ルノドーの『ガゼット』が誕生する。同じ年にヴァンドーム書店が『諸方の普段のニュース』を創刊しているが、王権の支援を受けた『ガゼット』に間もなく吸収された。

ルノドーは一五八六年に〔フランス中西部〕ルダンに生まれ、プロテスタントからカトリックに改宗した。

一六〇六年にモンプリエ大学で医学の学位を取得した後にパリに滞在、さらに長期の欧州周遊に出かけて草創期の新聞を研究する機会を得た。〔一六一〇年にルイ十三世が即位して間もないパリで皇太后〕マリ・ド・メディシス〔配下のリシュリュー〕の庇護を受け、一六一八年に「王国貧民総括官」に任じられる。この時代の最も非凡な人物のひとりであり、ありとあらゆる計画を考えついた才気煥発なルノドーは、一六二九年に〔パリ中心部の一等地〕シテ島の「〔当時は高等法院に用いられていた〕宮殿近傍、カランドル通り、大雄鳥の標識」の住所に「諸事案内照会所」を開設し、種々雑多な事業の拠点とした。この事務所は、現代なら「三行広告」の対象となる事柄〔売り買い、各種役務の提供、求職・求人〕の登録所であり、慈善目的の大規模な斡旋所のようなものだった。貧民を無料で診療したり、さまざまなテーマの討議を主催したりもした。ルノドーはその一連の事業によって、大学医学部から書籍商組合にいたるまで多くの人々を敵に回した。そのため一六三〇年から他界する五三年まで、敵対勢力の打破や、数々の論争といった活動にも力を注がざるをえなかった。彼の当時の「天衣無縫な発案」のなかで、王権政府の宣伝工作《プロパガンダ》の具としてリシュリューに続けてマザランからも支援を受け、唯一後世まで残った事業が『ガゼット』である。

一六三一年五月に獲得し、一六三五年に確認された『ガゼット』の出版特許《プリヴィレージュ》のもとで、ルノドーは「王国の内外で起きたこと、起きている事柄すべて、諸々の討議、商品の現行価格に関するニュース等を集めたガゼットおよび上記事業所の他の印刷物を適切と思しき者に印刷および販売させる権利を、上記ニュース・ガゼットが本王国にて今後発行される期間にわたり恒久的に、余人を排して」認められた。

『ガゼット』本体は、縦二三センチ、横一五センチ、四ページの週報として発刊された。一六三八年の時点で部数は一二〇〇部、一六四二年には八ページに増えた。一六三一年十一月に吸収した四ページの週報『諸方の普段のニュース』を一六八三年に廃止した際、『ガゼット』は全一二ページのボリュームとなった。王権政府の御用新聞であり、掲載されたのはニュースのみ、それも主に外事ニュースである。ルノドーは一六三二年二月から三三年十二月まで、分析・論説型のジャーナリズムを試みる月刊増刊号『世界ニュース報告《ルラシオン》』を発行した。その断念を余儀なくされた後は、特定の事件を取り上げる不定期刊行物を発刊し、一六七〇年まで号を重ねた。この増刊号『エクストラオルディネール』は、活字史料として『ガゼット』より優れたものも多い。

一六三三年からは『諸事案内所報』も発行した。散発的で短命に終わったが、十八世紀中葉以降に発達した広告新聞の先駆けである。

フロンドの乱(1)の時期には、双方から大量に出回った罵倒草紙(四〇〇〇点以上のマザリナード文書)に加え、フロンド側が王権側の『ガゼット』に対抗すべく『フランス通信《クーリエ》』を発刊、ルノドーの諸紙はマザラン擁護の論陣を張ることになる。上記のさまざまな刊行物は毎年、ルノドーによって製本されている。そこに付された前書きは、ジャーナリズムの栄誉と苦難を語るテキストとして、現代の目から見ても卓見に満ちている。

(1) 王権と宰相マザランに対する高級法院や貴族の反乱。一六四八年に勃発、五三年に終息。以後、王権の伸長が進み、ルイ十四世親政期(一六六一~一七一五年)は絶対王政の最盛期となる〔訳注〕。

「歴史とは起きたことどもの話でありますが、ガゼットはそれらをめぐる巷間の風説にすぎません（……）。ガゼットは嘘をつきません。実話としてもたらされた偽りのニュースを伝えるような場合にも、嘘をついているわけではありません。非難される筋合いがあるとすれば、意図的に捏造するような嘘だけでございます（……）」

「私はただ、わがニュースの通過を阻もうとして時間を空費しないでいただきたい、とこの場で王侯がたや諸外国に願いたてまつるでしょう。かかる商品の取引が禁をはねのけることのできたためしはなけれど、それは抵抗を受けるほどに勢いを増す奔流のごときものでありますゆえ（……）」

「ここで読者諸賢に提供いたしますのは、万全にできあがった〈歴史〉ではなく、それをこしらえるための布地です。したがって、ばか正直さはともあれ、手際のよさを期待なさってはいけません（……）」

「私が何びとに対しても譲れぬ一線、それは真実の追求です。ただ、その点についても保証はいたしかねます。時勢に応じて五〇〇件のニュースを書き散らしておりますうちに、やがて生みの親たる時間が訂正してくれましょう若干のニュースが、私どもの通信員の手から漂い出ないというのも易からざることでございます。さはさりながら将来いつか、あの頃はこのような風説が実話とされていたのだと、面白く思う人士があるやもしれません（……）」

「幾多のまっとうな著作家が当代の歴史に手を出さなかったのは、同時代の不興を恐れてのことでした。とすれば、その書き物が出版される週、ひいては当日の歴史を書くことの難しさは、いったいいかなるものでありましょうか。加えて、待ちわびてくださる読者諸賢の御機嫌にかんがみて、さほど時間はかけられません。毎週々々、郵便員が到着してから日中わずか四時間で、文章を組み、整え、印刷せざるをえない著作物です。それが多少の酌量に値すると秋霜烈日なる検閲官が考えないとすれば、私のほうが間違っていることになりましょうか」

第二章　十七〜十八世紀——進歩と多様化

この時代に新聞・雑誌は、厳しい政治的統制を受けながらも長足の進歩を遂げる。第一は内容である。十七世紀初めの小規模なガゼットにはストレート・ニュースしか載らなかったのに対し、十七世紀中葉の新聞には論説記事が掲載された。また、報道の対象が社会と文化のあらゆる営みへと広がった。第二は題号数である。出版特許制度の時代であったにもかかわらず、最初は分野別の特化により、続けて相互の競合により、題号数は増大した。第三は実際の影響力である。検閲があったうえに、忠僕新聞しか政府の支援を得られなかったなかで、新聞は「第四の権力」に擬せられるまでになり、表現と頒布の自由を掲げて自由主義思想の前衛に躍り出た。

だが、内容の豊饒化と購読者数の大幅な増加を見た新聞は、英国やフランスのように進んだ国においてさえ、十八世紀末の時点でも実力から期待されるほど尊重されてはいなかった。思想表現の旗手は依然として書物あるいは小冊子が務めていた。世界の反映とはいえ新聞は受け身の域、批判性の薄いリポートの領域にとどまり、闘争の役割を従来の文芸に譲っていた。ガゼット発行人は見下げられていた。ジャーナリズムは、社会的・知的エリートに言わせれば、価値も威信もない下等文芸にすぎなかった。たとえばルソーは一七五五年にこう述べている。

「定期刊行の書物とは何か。得るところもなければ、役にも立たない短命の著作物でしかない。文人には、そんなものを読む習慣はないし、軽蔑すべきことである。女人や愚人が読み、知ったかぶりで悦に入るぐらいのものである」

少し後に〔一七六五年〕、ディドロも『百科全書』に次のように記した。

「その種の紙切れ〔週刊紙《エブドマデール》〕は無学な者の糧である。読書もせずに語りたがり、判断を下したがる者の便法である。刻苦精励する者には害毒であり、嫌悪の的である。良き精神が良き文章を生み出すのを促したこともなく、悪しき著作家が悪しき文筆を生み出すのを妨げたこともない」

ヴォルテールの見解では、ガゼットは「与太話」にすぎなかった。

こうした状況が変わるのは世界が急転換の時代、とりわけ革命に次ぐ革命の時代に入ってからのことになる。大事件が矢継ぎ早に発生するなかで、知識欲に燃える人々が増え、社会の営みにおいても、政治勢力間の駆け引きにおいても新聞がついに然るべき地位、つまり第一線の地位を確立する時代である。十八世紀になると、相次ぐ戦争によって軍事作戦への関心が高まり、新聞の発行部数は大きく伸びる。変化のスピードは当然ながら国ごとに異なる。英国では急速に、フランスでは緩慢な滑り出しの後に加速しつつ、中南欧諸国では緩慢に進んだ。

I 一六二一〜一七九一年の英国──第四の権力の獲得

十八世紀末までの英国の新聞は、大陸のそれが平静だったのとは対照的に、波乱に満ちた展開をたどる。十七世紀には政治闘争に関与、一七八七年にはバークから「第四の権力」とまで評された。相互に競い合い、また相対的に自由な環境にあったため、フランスより内容の充実した多彩な新聞が生まれた。この激動期の英国紙の発展は、政治ニュースと議会審議に興味津々だった購読者に支えられた。

一六二一年から六二年まで英国の新聞を律した〔出版特許のもとでの〕独占制度は、内乱による政情不安に揺れ続けた。官許を受けた新聞は、いずれも不調で短命に終わっている。テューダー朝の時代からステュアート朝初期にかけて〔一六四九年まで〕は、王国の公式ニュースしか掲載できず、一六三二年から〔検閲を管轄した星室庁が廃された〕四一年までは外事ニュースの掲載も禁じられた。ミルトンが一六四四年に『アレオパジティカ』を著わして、出版《プレス》の自由を擁護する激烈な論陣を張ったのは、〔ピューリタン革命期の長期〕議会によって厳しい出版統制が定められた時期である。ただし、彼が求めた自由は、新聞よりも書籍の出版を意図していた。

一六六〇年に王政が復古すると、出版規制はさらに厳格化された。一六六二年には議会議事録の出版が禁じられただけでなく、出版特許法《ライセンシング・アクト》が成立した結果、事前認可制と検閲制が強化された。一六八八年に始まった名誉革命から六年あまり後の一六九五年、この法律はようやく廃止される。以後一世紀の間、それなりに自由を享受した英国紙は、ホイッグ党とトーリー党の政争において決定的な役割を果たした。とはいえ、新聞の独立性には限界があった。訴追は多数にのぼり、政府による買収工作も繰り返された。新聞の前進に恐れをなした議会は、さらに一七一二年に印紙税《スタンプ》を設置する。一部ごと、さらに掲載広告一件ごとに課せられる重税である。それでも新聞の発行部数は増え続け、一七一二年から五七年の間に八倍になった。印紙制度は大陸にも広がって効果を上げたが、課税対象が「政治を論ずる」逐次刊行物に限られたため、政府批判に縁のないジャンルの雑誌の増大を招いている。英国の議会はまた議事録の掲載をめぐり、半世紀以上にわたって新聞と争い、何度も新聞記者を法廷に送ったあげく、一七七一年についに議事録掲載を認めるにいたる。そして一七九二年に名誉毀損法《ライベル・アクト》が成立する。訴えられた記者が陪審裁判を受けられる要件を明示した法律であり、一見すると自由主義的に見えるものの、実際は逆に新聞に対する政府の圧力を強化した法律である。

活気にあふれた当時の新聞のなかから、具体的な題号を挙げるのは容易ではない。しかも著名な新聞の多く、とりわけ政治的立場の鮮明な新聞は短命に終わっている。『ロンドン・ガゼット』、最初に発行期間が数世代の長さになった新聞。黒死病が猛威を振るう一六六五年に〔宮廷が避難していた〕オックスフォードで創刊。官報の一種であって、興趣のある新聞ではない。『デイリー・クーラント』、一七〇二年創刊、一七三五年まで存続、真の意味で世界最初の日刊紙と呼びうる新聞となった。体裁は当時の多くの新聞と同様、最初は片面刷り一ページのみ。『デイリー・アドヴァータイザー』、一七三〇年創刊。同紙が単なる広告新聞からじきにロンドンの最大紙に発展した事実は、英国紙の隆盛に広告が果たした決定的な役割を示唆している。『ジェントルマンズ・マガジン』、一七三一年創刊。四二ページ建ての月刊雑誌で、文芸から政治まで多彩な内容を盛りこんで成功。

それらにまして精彩を放ったのは、有力なパンフレット作家が健筆を振るった諸紙である。『レヴュー』はダニエル・デフォーが単独編集、最初は週二回、次いで週三回ペースで発行、一七〇四年から一三年まで続いた。ニュースはほとんど掲載せず、政治的で論争性の強い一本の長文記事が紙面の大部分を占めた。『タトラー〔おしゃべり〕』は、スティールとアディスンが同紙を追って、一七〇九年から一一年まで週三回のペースで発行。続けて二人が創刊した初期の日刊紙『スペクテイター』は、政治をほとんど論じない紙面を展開。部数は二〇〇〇部を超え、考察ジャーナリズムの鑑となったが、一七一二年の印紙税によって廃刊に追いこまれた。『ノース・ブリトン』で名を馳せたのが〔当時下院議員でもあった〕ウィルクスである。一七六二年に〔創刊した同紙の議会報道をめぐる〕議会との激しい論争の末に投獄され、一時は国外亡命も余儀なくされた。『パブリック・アドヴァータイザー』は、ジュニアスなる謎の人物による政論書簡を一七六九年から七二年まで掲載、英国新聞史上の有名な逸話のひとつとなる。『オリジナル・ロンドン・ポスト』、一七一九年にダニエル・デフォーが学芸欄に〔すでに書籍として刊行されていた〕『ロビンソン・クルーソー』の縮約版を載せる。新聞下段で初めて連載された小説ということになる。

地方紙の展開は十七世紀末頃に始まった。最初に発行されたのは一六九〇年の『ウースター・ポストマン』である。

Ⅱ　一六九〇～一八三〇年の米国——草創期

一六九〇年九月二十五日にボストンに出現した米国初の新聞『パブリック・オカレンシズ〔公共的諸事件〕』は単発で終わり、一七〇四年にボストンの郵便局長ジャン・キャンベルが発刊した第二の新聞『ボストン・ニューズレター』も長続きしなかった。実質的に最初の新聞は、一七二八年にベンジャミン・フランクリンがフィラデルフィアで創刊した『ペンシルヴァニア・ガゼット』である。米国紙の大半は英国紙を模倣していたが、発行部数も少なく、英国の官憲による統制も厳しかったため、題号数は一七七五年に三四紙、一七八二年に四三紙、と新聞はまったく普及していなかった。サム・アダムズの『ボストン・ガゼット』、そしてトーマス・ペインの『ペンシルヴァニア・マガジン』の二紙は、一七七六年の決起〔独立宣言〕を大きく煽った新聞として特筆される。『ペンシルヴァニア・パケット』や〔その後継紙の〕『アメリカン・デイリー・アドヴァータイザー』のような日刊紙が初めて登場したのは、植民地側が勝利を収めた後のことである。国土が広大で人口密度の低い米国では、新聞は部数が出ずに伸び悩んだ。一七九一年の憲法修正

第一条では、「連邦議会は言論または出版の自由を制限する法律を制定してはならない」旨を定めている。独立後の米国紙は、確かに自由を保障された。しかし訴追されて重罰を受けかねない状況は変わらなかった。新聞も関与した激しい政治的対立があっただけでなく、紙上で下劣な個人攻撃を展開したことも要因かもしれない。米国紙が再興期を迎え、破竹の勢いで成長するには、一八三〇年の時期まで待たねばならない。

Ⅲ　一六五三〜一七八八年のフランス——緩慢ながら調和的な発展

旧体制《アンシャン・レジーム》期の新聞事業は、事前認可制による出版特許制度に従った。事業の行方を左右したのは官憲だけではない。官憲と連携する同業組合は、印刷・書籍販売にかかわる全職種に細かな規制をかけていた。この旧体制期の特徴のひとつは、官許新聞の安定である。官許新聞は少なくとも十八世紀中葉まで、競争の芽を摘みながら、太平楽を享受した。しかし、発行地の都市以外での新聞頒布を独占的に認可していた郵便総括請負契約のもとで、一七四〇年から六三年にかけて新聞・雑誌の送料が引き下げられて全国一律になると、新聞市場は大いに活気づいていく。旧体制期の新聞はまた、度重なる検閲にも服していた。検閲自体はさして効果がなかったとはいえ、時の政治問題を論ずるのは事実上禁じられていたという意味で、新聞記者の自由は著しく制限された(1)。唯一政治を論ずることができたのは官製の新聞だが、当然ながら慎重な論調を保っていた。このような状況にあったフランスの新聞は、同時代の英国の新聞に比べてニュースに乏しく、総じて文芸的な色彩が強く、そうした特徴が将来の展開にも大きく影響することになる。新聞による事実報道が低調だった旧体制下のパリでは、それをあたかも補うかのようにニュース屋が活躍し、全国に多数の手書きニュースをばらまいた。間諜と上流階級の事情通が肩を接する不思議な世界で、ルイ・メトラ、カボー・ド・ランボー、グリム兄弟、バショモン、ドゥブレ夫人などが、この仕事の世評を高からしめた。現代の「密書」の源流は、間接的には当時の手書きニュースにさかのぼる。

（1）ボーマルシェは『フィガロの結婚』のなかで、微に入り細にわたる統制制度を小気味よくやっつけた。「お上に信仰、政治に道徳、高官に有力団体、オペラその他の舞台物、何かしらコネのある人士、以上のことどもに筆を滑らせさえしなければ、二、三の検閲官の査察を受けつつ、自由に何でも出版してよろしいという御沙汰。しごくよろしきこの自由のもとで、定期刊行物を一丁予告して、よそさんの縄張りには踏みこまぬよう、『御無用新聞』と名づけた次第。しからば、おっと、しょうもないブン屋どもがわらわらと、私に嚙みついてくるもんで、廃刊処分をくらっちまい、またぞろ定職なしの身の上さ」

1　官製の紙誌

この時代に他の追随を許さなかった三つの題号が『ガゼット』『学識者《サヴァン》ジャーナル』『メルキュール』である。

『ガゼット』は一七四九年までルノドー家が所有、その後一七六一年にショワズルにより外務省の管轄に移され、翌年『ガゼット・ド・フランス』に改題、発行ベースが週二回に増えるという経緯をたどる。

一六六〇年から強化された政府の統制、それに手書きニュースやオランダ紙、『メルキュール』の「エクストラオルディネール」と題された増刊号との競合の結果、十七世紀が終わる頃には『ガゼット』の栄華は失われた。地方の再印刷版も含めた発行部数は一六七〇年に四五〇〇部、一七四九年に七五〇〇部、一七八八年に六二五〇部。ただし戦争があると大幅に増え、米国独立戦争が激化した時期には一万二〇〇〇部に達した。

『ガゼット』の事業権は一七八六年末にパンクークの手に渡った。王国内外の政治ニュースの『ガゼット』による独占は、フランス革命まで維持された。

『学識者ジャーナル』は一六六五年にコルベールの庇護を受けて誕生した。創刊者のドニ・ド・サロが間もなく更迭された後、さまざまな発行者の手を経て存続し、現在も碑文・文芸アカデミーから発行されている。創刊の主目的は内外の著作物のリポートであった。ニーズにうまく応えた書物情報誌『学識者ジャーナル』は多大な成功を収め、ヨーロッパ各地で模倣されたが、題号に反して学術的でない著作物をより重点的に取り上げた。当初は週刊、一七二四年に月刊化。

『メルキュール・ガラン（典雅なる伝令使）』は一六七二年にドノー・ド・ヴィゼが、風聞や雑記のジャーナルとして発刊し、じきに文芸色を強めるようになった。内容が非常に多彩な定期刊行物の草分けであり、これもヨーロッパ各地で真似された。発行者は頻繁に替わり、一七二四年には外務省の庇護下に置かれて、『メルキュール・ド・フランス』に改題した。一七七八年にパンクークが取得して政治編も加え、一七八六年には一万五〇〇〇部を超えた。わずか数年で出版界に地歩を築いたパンクークは、革命初期まで事業を続けることになる。

2　創刊ラッシュの十八世紀

ロレが韻文の「バーレスクなガゼット」をもとに一六五〇〜六五年に出した『ミューズ・イストリーク〔歴史的詩神〕』のような、気楽に読める若干の刊行物を別とすれば、十七世紀末までは三大紙誌の独占が守られた。だが〔一七一五年に没した〕ルイ十四世の治世末期になると、人々の知識欲の拡大に応えて多くの紙誌が創刊される。王権は官許の付与を通じて統制を図ったが、誰か高位の人物の逆鱗に触れたり、官製の紙誌の独占を脅かしたりしようものなら厳しく粛正された。

『婦人ジャーナル』『医学ジャーナル』『商事ジャーナル』『法院ジャーナル』といった分野別ジャーナルの出現を見れば、この時期に進んだ多様化の一端が窺い知れる。とはいえ大半の新興紙誌は、『学識者ジャーナル』か『メルキュール』の作りを真似たものだった。そうした教養層向けの考察型刊行物をひもとけば、「啓蒙の世紀」の豊饒な思想や、フィロゾフ〔啓蒙思想家〕とその敵対者との数々の論争が、実感をもって迫ってくる。短命のものも多かった大量の紙誌のうち、特筆されるのは以下のとおりである。『トレヴー記《メモワール》』、一七〇一〜六二年、イエズス会修道士の機関誌。『聖職者《エクレジアスティーク》ニュース』、一七二八〜一八〇三年、論調はジャンセニスム〔イエズス会を批判した宗教運動〕で、半ば地下出版。『賛否両論』、一七三三〜四〇年、『マノン・レスコー』の著者アベ・プレヴォーが発行。『百科全書新聞《ジュルナル》』、一七五六〜九三年、ピエール・ルソーが創刊、発行地は〔現ベルギーの〕リエージュだが主にフランスで頒布。「反フィロゾフ」側では、アベ・デフォンテーヌの『パルナソス新報《ヌヴェリスト》』、一七三〇〜三二年、アベ・フレロンが旬刊で出した『文芸年報《アネ・リテレール》』、一七五四〜七六年。なおヴォルテール、〔J・J・〕ルソー、ディドロ、ダランベールといった代表的な「フィロゾフ」は、これらの紙誌に一度も寄稿していない。

3　日刊紙の草分け

一七七七年一月一日、フランス初の日刊紙『パリ日報《ジュルナル》』がようやく登場する。すぐに軌道に乗ったわけではない。斬新な試みであったうえ、出版特許をもつ『ガゼット』その他の間を縫って独自情報を掲載するのも難しかった。一七七八年には競合紙も出現した。ルノドーの広告新聞の後継紙が『フランス総合日報』に改題され、日刊化されたのだ。一七八九年の時点では、これらパリの日刊紙は、内容も購読者数もロンドンのそれに比べるべくもなかった。

4　「オランダ製ガゼット」

十七世紀から十八世紀にかけてのフランスの新聞の規模は、国内発行紙だけでは測れない。ヨーロッパ諸国の宮廷言語であったフランス語で書かれたドイツ紙に加え、亡命フランス人が発行する新聞も多々あったからである。王政期、共和政期、帝政期を通じて戦争が相次いだフランスでは、〔新教徒《ユグノー》の信仰の自由を認めた一五九八年の〕ナントの勅令《エディ》が廃止された一六八五年から〔王政復古が確定して亡命貴族が帰国した〕一八一五年の時期に、言論界での乱闘も繰り広げられた。国内の罵倒草紙や手書きニュースだけでなく、多くは時の政府への反対者であった亡命フランス人の定期刊行物もまた、論争に大いに荷担した。これらのガゼットに国内向け出版物以上の自由を許したオランダで大半が印刷され、「オランダ製ガゼット」と総称される。うち最も多く読まれたのは『ライデン・ガゼット』である。フランス国内に入った「オランダ製ガゼット」は、時たま訴追される場合もあったものの、おおむね円滑に郵便で運ばれた。とりわけ有名なのが『文芸共和国便り』。アムステルダムで、一六八四年から八七年まではピエール・ベールが『学識者ジャーナル』風の作りで発行し、多くの類似紙を生み出した。

5 地方紙の草分け

全国紙に与えられた出版特許のもとで地方紙の発行は事実上禁じられており、地方の印刷商はルノドー家や以後の特許所有者の許可を得た『ガゼット』系列紙の再印刷版を出していた。一六三一年から一七五二年までに(1)三八紙が発刊、独自に地元のニュースや広告を載せたものもあった。『メルキュール』も同様に再印刷版が発行された。十八世紀後半には、パリの〔『ガゼット』系列の〕『アフィシュ〔広告新聞〕』の出版特許を地方の発行人に払い下げる動きが広がる。フランス最初の地方紙となった各地のアフィシュは、一七三一年のストラスブールのアフィシュ〔ドイツ語版〕、一七五〇年のリヨンのアフィシュに始まり、一七八八年の時点で四四紙を数えた。ドイツのインテリゲンツブラット〔後出〕に範を取り、紙面の大部分を広告が占めたが、地元ニュース欄や文芸欄を設けたものもあった。これらの「諸事広告通知新聞」の一部は、より格調高い「日報《ジュルナル》」に題号を切り換えた。地方で最初の日刊紙は、一七八四年創刊の『ギュイエンヌ日報』である。

（1）ルノドーの広告新聞の出版特許権を受け継いだ二紙の発刊が一七五一年および一七五二年である〔訳注〕。

Ⅳ　一六一〇～一七九二年のドイツ――苛酷な検閲

ドイツには多数の印刷工房があったが、戦争〔三十年戦争〕の渦中にあった十七世紀前半はガゼットの発達にはまったく適していなかった。争い合う諸党派はそれぞれの宣伝工作の具として、新聞よりも罵倒草紙その他の報知草紙を好んで発行した。一六四八年に平和が戻ると、神聖ローマ帝国内の大小の領邦の大半に多数の定期刊行物が出現する。題号数は一七〇一年に五七紙、一七八〇年に一三八紙、一七八八年に一八二紙、一八〇〇年に二〇〇紙。ドイツの新聞は――とりわけフリードリヒ二世時代〔一七四〇～八六年〕のプロイセン王国では――厳しい認可制・検閲制のもとに置かれた。しかも官憲の決定は裁量で下された。事業は容易ではなく、内容も独自性に乏しかった。多様な新聞を擁していたのは大規模な自由都市だけだった。

この時代に誕生した新聞のなかで、長期にわたって存続したものとして、『マグデブルク新聞』、一六六四年創刊。『ベルリン勅許新聞』〔後に発行人の名前から『フォス新聞』〕、一七二一年創刊、レッシングが一七五一年から五五年まで在職した。その競合紙『ベルリン〔政治・教養〕ニュース』〔通称『シュペナー新聞』）、一七四〇年創刊。『ケルン新聞』、一七六三年創刊。一定の成功を収めたものに、『フランクフルト・ジャーナル』、一六八〇年に一五〇〇部。『ハンブルク通信員』、一七八九年に一万部、一八〇八年に五万六〇〇〇部。ライプツィヒでは世界初の日刊紙が、一六五〇年から五二年まで『新着雑報』、一六六〇年から六八年まで『最新ニュース』の題号で発行された。

検閲制が敷かれ、政治的分裂によって流通も妨げられたため、全国規模の定期刊行物は難航した。ラテン語誌『アクタ・エルディトールム』、一六八二年にライプツィヒで、『学識者ジャーナル』を手本に創刊。文芸・思想雑誌『月刊雑話《モーナツゲシュプレッヒェ》』、一六八八年にクリスティアン・トマージウスが創刊。短命に終わったものの、十八世紀に多数の模倣誌が現われた。この時代に大きく勢いづいたのがインテリゲンツプラットである。第一号は一七二二年にフランクフルトで誕生。単なる広告新聞ではあったが、地元のニュースに加え、じきに知識解説型の記事や読者向けのアドバイスも掲載するようになり、啓蒙思想の普及に貢献した。

ハプスブルク領内では統制はいっそう峻厳だった。新聞はドイツよりも数が非常に少なく、出現した時期も遅かった。創刊ラッシュが起きたのは、一七八一年にヨーゼフ二世が出版規制の大幅な緩和を認めた後である。しかし一七八二年に印紙税が制定され、草創期の新聞は打撃を受けた。さらに一七八九年の印紙税拡大、一七九〇年の（レーオポルト二世による）検閲復活により、領内の新聞は廃刊あるいは低迷の道をたどった。

第三章　フランス革命期・帝政期（一七八九〜一八一五年）

フランス革命とともに新聞・雑誌の歴史は重要な局面を迎える。革命は——その激震と帝国の政策が、西欧の大陸諸国の新聞・雑誌を動揺させたとはいえ、——諸外国の新聞には間接的な影響しか与えていない。だが、出版の自由の主要な原則を初めて定めたのはフランス革命である。この原則は実際にも一時的ながら適用され、続く十九世紀には世界中の新聞記者の権利主張の指針となっていく。「思想と意見の自由な伝達は人間の最も尊い権利のひとつである。したがって、あらゆる市民は、法に定める自由の濫用にあたる場合を除き、自由に話し、書き、印刷することができる」。一七八九年八月二十六日の人権宣言第一一条は、現代でも出版の自由の原則の金字塔をなす。ただしフランスでは、この自由は個別法により保護されると宣言されている点が米国とは異なる。米国では、それは司法権の監督にのみ服すと一七九一年に宣言されているからだ。革命期のフランスでは、もうひとつ重要な変化が起きた。同業組合制度が廃止され、新聞事業の展開や新聞人の業務遂行に対する障害が完全に取り払われたのである。

革命期の新聞・雑誌は怒濤の勢いで伸長した。人々は同時代の強烈な出来事の数々を前に、激しい知識欲を抱いていた。一七八九年から一八〇〇年までに一五〇〇種もの紙誌が新規創刊された。一一年間で過去一五〇年の二倍を超えるペースである。見本の掲示や会衆への読み上げを通じて、読者の数も増大した。以前のフランスでは脇役でしかなかった新聞が、大きな政治的影響力を発揮するようになる。一七九二年の八月十日事件〔山岳《モンターニュ》派による王党派の打倒〕が起きた後、新聞は受難の時代に入り、帝政期には厳しい監視下に置かれた。それは権威主義政権にとって、新聞が恐るるに足る危険となった証左にほかならない。

Ⅰ　自由の獲得――一七八八年夏〜一七八九年夏

一七八八年七月、三部会の招集が予告されるやいなや、厖大な罵倒草紙や小冊子がちまたに出回り、〔各選挙区から身分ごとに三部会に提出する〕陳情書の起草に影響を及ぼした。官憲は世論の圧力に屈して、それらの出版を認可せざるをえなかったが、新たな新聞の発刊は食い止めようとした。しかし、彼らの抵抗も一七八九年五月十九日〔に新聞が、同月五日に始まった三部会の議事録の掲載を許可される〕までのことだった。以後わずか数週間のうちに、旧体制の出版統制は瓦解した。ブリソは『パトリオット・フランセ』の発行趣意書のなかで、新聞が今や担うべき役割を次のように定義した。

「フランス国民に対し、現下の状況で本紙が有用であり、必要であると縷々説いたりすれば侮辱になろう（……）。小冊子によらずして、たゆみなく、さほど費用をかけず、倦ませることもなく、全フランス人に教育を授ける手段を見つけなければならぬ。その手段こそが政論新聞、ガゼットである。多数からなり（……）、読み物にあまり慣れておらず、無知と隷従から抜け出さんとしている国民に教育を授ける手段は、これ以外にない。アメリカの革命はガゼットなくしては（……）決してなされなかったであろうし、（……）なけなしの自由が英国で保たれているのもガゼットあればこそである」

Ⅱ　制約なき自由——一七八九年夏〜一七九二年八月

種々さまざまな逐次刊行物が、雨後の竹の子のごとく出現した。形式としては、個人の手になる不定期発行のパンフレットから、大所帯の編集部が発行し、分野ごとに欄を分けた堂々たる日刊の事実報道紙まで。判型としては、小は書籍印刷機で刷られた十六折り判から、大は縦三三センチ、横二四センチ、三段組みの二つ折り判《フォリオ》まで。ボリュームとしては、四ページの日刊紙から、八〇ページに及ぶ不定期発行の小冊子新聞まで。日刊紙の創刊は比較的少ない。印刷のコストは安かったが、速度が遅かったせいだろう。ありとあらゆる論調の新聞があった。新聞は政治的な熱情に駆られ、競争にしのぎを削り、多くは非常に乱暴な語調を用いた。人民大衆もまた読者に想定し、とんでもなく粗野な語調を用いるものもあった。この時期に生まれた新聞は、大半が短命に終わり、あるいは後に変転を繰り返した。部数の実態は不明だが、一万五〇〇〇部を超える週刊紙も存在した。

1　日刊の事実報道紙

王権の管理下で週二回ペースで発行されていた『ガゼット・ド・フランス』は、一七九二年に日刊化されて『ガゼット・ナショナル・ド・フランス』に改題し、外務省管理下の機関紙として低空飛行を続けた。『パリ日報』も同じく振るわなかった。一七八九年に、『ジュルナル・デ・デバ・エ・デクレ（審議・政令日報）』、およびパンクークの創刊した『モニトゥール・ユニヴェルセル（万事の意見番）』が誕生する。政治的立場の鮮明な他の日刊紙が八月十日事件を境に消滅したのに対し、この二紙は政治的突出を避けて、革命の激動をうまく生き延びた。歴代議会の議事録と行政文書に紙幅を割いた両紙は、現代的な意味における主要な事実報道紙の先鞭をフランスで着けるものであった。

2　旗幟鮮明な新聞

革命派の諸紙——フランス大革命の激化を大なり小なり煽った新聞はあまたある。ひときわ目立っていたのが、ミラボーの『プロヴァンス通信』、ブリソの『パトリオット・フランセ』、ゴルサスの『パリ通信』、プリュドムの『パリ革命』、カミーユ・デムーランの『フランスとブラバンの革命』。さらに激烈だったのが、マラーの『人民の友』、罵詈雑言をちりばめた古典派調の散文で書かれたエベールの『デュシェーヌ親父《ペール》』。革命派の諸紙はパリで多くの人民大衆に読まれ、この階層の政治クラブや結社の活動と連動して、数々の革命行動を大いに助長した。

反革命派の諸紙――激烈さにかけては、王党派の諸紙も革命派に劣らなかった。なかでも目立っていたのは、リヴァロルが順次寄稿した『国政新聞』『使徒行伝』、ゴーティエ・ド・シヨネの『小ゴーティエ』、アベ・ロワィユーの『国王の友』、デュロゾワの『ガゼット・ド・パリ』、〔シュローの〕『シュロー氏新聞』。

III 恐怖政治の最初のいけにえ――一七九二年八月～一七九四年七月

八月十日事件以後、王党派の諸紙は一網打尽にされた。〔恐怖政治を敷いた〕革命政府は出版の自由を停止した。危殆に瀕する革命の命運を決する重大局面において、表現の自由は権力の行使と両立不能であった。反対勢力の諸紙は廃刊処分、あるいは自主停刊である。まずジロンド派、次いでエベールのような過激派《アンラジェ》、デムーランのような穏健派の記者が処刑された。公安委員会が最後まで残したのは、資金を援助した諸紙を除けば、『山岳派日報』『自由人日報』など数紙のみだった。

Ⅳ 権力闘争――一七九四年七月〜一七九九年十二月

〔一七九四年七月の反動を実行した〕テルミドール派が支配的な国民公会と〔九五年憲法のもとに成立した〕総裁政府は弱体だった。この政体は強力な反対勢力を前に、新聞との権力闘争を大々的に繰り広げた。出版規制は改悪の一途をたどった。裁量ひとつの廃刊処分（一七九七年九月に三一紙、十二月に一六紙、九八年八月に一五紙、九九年九月に三五紙）。検閲の復活。一七九七年九月には印紙税の創設。相次ぐ新聞記者の訴追。空前の規模に膨れ上がった政府派新聞への資金援助。だが、こうした締めつけを受けても新聞は意気軒昂だった。パリの政論新聞は一七九六年に七〇紙、九九年に七三紙を数えた。

政府派新聞が『モニトゥール・ユニヴェルセル』『パリ通信』など。購読者は限られていた。テルミドール期に再生した王党派とミュスカダン（青年王党派）の新興紙は健在だった。ミショーの『日々《コティディエンヌ》』、フレロンの『人民の弁士《オラトゥール》』、一七九九年に『デバ』を買い取ったベルタン兄弟の『エクレール（稲妻）』など。同じくジャコバン派の新聞も健在である。ルボワが再刊した『人民の友』や、『自由人日報』など。革命期の最も個性的な新聞のひとつが、社会主義の論陣を早くも張っていた『人民の護民官《トリバン》』。一七九四年十月からグラックス・バブーフが発行、一七九七年五月の彼の処刑に先立って消滅した。

Ⅴ　革命期の地方紙

革命期には地方紙に大きなはずみがついた。かつての広告新聞が言論《オピニオン》新聞に変貌しただけではない。論調の鮮明な新聞がほぼすべての県に誕生し、地方の関心がパリの関心に同調するのを促した。この時期の地方紙は、急速な成長、恐怖政治期に激減、総裁政府期に再び増加という推移をたどった。

Ⅵ　綱紀粛正――霧月十八日以後

〔霧月《ブリュメール》十八日＝一七九九年十一月九日の〕クーデタを実行したボナパルトにとって、新聞を服従させることは懸案のひとつだった。パリで存続を認めるのは一三紙のみ、事前認可制を復活。これが革命暦八年雪月二十七日（一八〇〇年一月十七日）の政令《デクレ》の規定である。

「セーヌ県〔首都圏〕で印刷されている諸紙の一部が共和国の敵の手のうちにあること、フランス人民から政府がその安全保障に留意する特段の任を受けていることにかんがみ、共和国の統領は以下の定めを置く（第一条、六〇紙の廃刊〔……〕、第三条、新規創刊の禁止〔……〕）。第五条、社会契約の遵守、主権在民、および軍の栄誉に反する記事を載せる新聞、または政府に対する中傷、および共和国の友好国もしくは同盟国に対する中傷を掲載する新聞があれば、即刻廃刊に処す〔……〕」

この「粛清」は全国の諸県にも及んだ。

Ⅶ 従属――統領政府期・帝政期（一八〇〇～一八一四年）

ナポレオン〔一七九九年末に第一統領、一八〇四年に皇帝〕は新聞の重要性を明確に意識していた。定期的に閲読し、ひっきりなしに検閲官を叱り飛ばし、記事の執筆に入れ知恵を与えた。少しでも批判されようものなら激怒した。

「〔……〕新聞をもう少し取り締まり、良い記事を掲載させろ。『デバ』と『ピュブリシスト〔記者〕』の編集者にわからせろ。それらが余の役に立たないことに気づき、他の諸紙もろとも廃刊に処し、一紙だけを残すような措置を講ずる時が、すぐそこに迫っているのだとな〔……〕。革命の時は終わった。フランスにはもはやひとつの党派しかない。もし新聞の言動にいささかなりと、わが利益に反する点があれば、余は断じて我慢できまい」〔警察大臣〕フーシェに宛てた書簡、一八〇五年四月）

ナポレオンは反対勢力の声を封じた。新聞の力は内外で自分の宣伝工作に役立てるためにあった。

「政府にとって不愉快なニュースがもたらされた場合、誰もの知るところとなったがゆえに言うまでもなき真実と断定できる確信が得られるまで、公表はまかりならぬ」(『帝国日報』主筆〕フィエヴェに宛てた書簡、一八〇五年六月)

かかる宣伝工作は多大な効果を発揮した。メッテルニヒが〔在仏大使であった〕一八〇八年六月に次のように記したほどだ。「ガゼットはナポレオンにとって、三〇万の軍勢に匹敵する。国内に目を光らせ、国外に畏怖を呼び起こすことにかけては、半ダースのクズ御用記者のほうが一枚上だというのである」ナポレオンの宣伝工作体制のかなめが、一七九九年十二月に官報化された『モニトゥール』である。紙面には公式情報に加え、雑記や総合ニュース、その他の雑多なニュースも掲載された。

「余は『モニトゥール』をもってして、わが政府の魂と力、余と内外世論の仲介役、連絡役とした〔……〕。それ〔同紙の報ずる対外問題〕は政府支持派に対する号令であり、また万人に対する言論の喚起であった」(『セント・ヘレナ回想録』、一八一六年六月十三日の項)

帝国の称揚に用いられたもうひとつの媒体が『大《だい》陸軍報《ビュルタン》』である。新聞への掲載、教会や中等学校や広場での掲示と読み上げを通じて、津々浦々に流布された。

出版統制は強化の一途をたどった。新たな統制手段として出版勅許《ブルヴェ》と書籍販売勅許を創設した政権は、一八〇五年には検閲官を新聞の編集部に常勤させる措置もとっている。

王党派の立場を堅持していた『デバ』は、一八〇一年にベルタン（兄）が亡命、一八〇五年に接収されて『帝国日報』に改題された。パリで発行を認められた新聞は『モニトゥール』、『パリ日報』、『帝国日報』、〔旧名に戻った〕『ガゼット・ド・フランス』の四紙に減少、いずれも完全に国有化、というのが一八一一年の状況であった。

地方紙は、一八〇〇年一月の政令で壊滅的な打撃を受けた。一八〇七年、まだ存続していた一七〇紙は、『モニトゥール』抜粋の転載以外には政治を取り上げないよう厳命された。さらに一八一〇年八月には、各県一紙に限定。この政令は図らずも、一部の貧しい県に新聞が誕生する結果も生んでいる。他方で〔一八〇六年の民事訴訟法典により〕所定の民事手続きに関する書面公告が義務づけられたことで、地方紙は新たな収入源を獲得した。

Ⅷ　第一次王政復古と百日天下（一八一四年六月〜一八一五年六月）

ブルボン王朝の復活後、一八一四年十月二十一日付の法律で事前認可と印紙税が維持された。とはいえ新聞はいくばくかの自由を取り戻した。自由主義新聞の『検閲官』から、ミショーの過激王党派《ユルトラ》紙『日々』にいたるまで、パリは政論新聞の再生を見た。コショワ・ルメールの『黄色い小人《ナン・ジョーヌ》』が創刊され、政治諷刺もよみがえった。ナポレオンのエルバ島脱出後は、ほとんど何でもありの状態になり、ジャコバン派の新聞さえ出現したが、それもワーテルローの戦いで終わった。フランスの新聞は以後、一七八九年から九二年の間に垣間見た自由を回復すべく、一八八一年まで六五年間にわたって闘争することになる。

第四章　十九世紀初頭〜一八七一年——産業化と大衆化

I　変化の概略

十九世紀の初頭から中盤にかけ、新聞・雑誌は著しい進歩を遂げた。題号数が増加、ジャンルが多様化、発行部数も伸長した。パリの日刊紙の合計部数は、一八〇三年に三万六〇〇〇部、七〇年に一〇〇万部。

この時代の新聞・雑誌の発展は、欧米世界の全般的な変化と軌を一にする。変化の様態は当然ながら国ごとに大きく異なるが、基本要因は共通する。

1　政治的・社会的要因

新聞・雑誌は権力の行使を難しくしたから、どの国でも政府はその発達を阻止しようとした。立法者は工夫のかぎりを尽くして、出版の自由を制限し、新聞の流通を妨害する法規を連発した。しかし、制約や取り締まりの効果は常に一時的なもので終わる。世紀末には新聞の読者層が、以下の要因により、国民全体と一致するまでに拡大したからである。教育の裾野が広がり続け、万人の学校教育が義務づけられた。

有権者の範囲が拡大し、普通選挙が成立した。交通革命が新たな世界を開いた。物の取引と人の交流が増大した。都市化が進展した。これらの要因が人々の興味を増進させた結果、読者の期待が多様化し、読者層が広がるにいたった。会員制図書室《キャビネ・ド・レクチュール》、サークルの集まり、カフェといった場で公衆に向け、あるいは家庭や友人の間で声を大にして読み上げられた新聞は、それぞれが一部でも、合わせて多くの者に活用されていたのである。

2　経済的要因

製作が産業化され、市場が拡大すると、新聞の利用環境は一変した。十九世紀初頭には稀少で高価であり、財産と教養に恵まれた一握りのエリート向けの商品だった新聞は、今や小ブルジョワ層、次いで都市部の民衆という新たな社会層にも読まれるようになった。言い換えれば、日用品と化した。

読者が広がった最大の原因は、販売価格の低下である。値下げは段階的に進んだ。そのたびに市場は急拡大し、新たな読者層と競争環境に適応すべく、新聞の形式もがらりと変わる。この時代の新聞の変化のリズム・規模・形態は国によって大きく異なる。最も急速かつ鮮明であったのはフランスだが、値下げ要因としてすぐに連想される広告は、英米ほど発達していない。商売の宣伝に対する人々の抵抗感、「無用の出費」に対する商人の抵抗感があったためだ。

3　技術的要因

新聞の発展は、長足の技術進歩に促された面も大きいとはいえ、技術進歩によって導かれたとはいえない。機械はほとんどいつも、新聞の実際のニーズより「先」に進んでいた。以下に述べる印刷技術の歴史は、すでに定説として確立されたというわけではない。最重要級の発明については、常のごとく、各国が自国の成果を主張しているからである。

(A) 製作技術

インキと紙――新聞を速く印刷できるインキは、一八一八年にロリューが実用化した。破布を原料とした紙から木材を原料とした紙への切り替えは、一八六五～七五年の一〇年間に進み、ページ数の増えた新聞・雑誌に必要な大量の用紙の調達費用が低下した。

植字――植字の機械化は何度も試みられつつ実現されず、十九世紀初めの時点でも手作業が続いた。しかしジャン＝バティスト・ジュヌー、そしてニコラ・セリエールらが（それぞれ一八二九年、一八五二年に）鉛版《ステロ》印刷を、ロシア人ヤコビが（一八三八年に）電気鋳造法を開発すると、紙型《しけい》を用いたページ単位の植字が可能となる。それまで印刷機と同数の植字工を抱えていた新聞印刷所にとって、実益多大な発明であった。

印刷――十八世紀末まで、グーテンベルクの〔手で引いて平らに圧力をかける〕ネジ式印刷機は、あまり改良が進まなかった。フィルマン・ディドが金属部品を導入したのが一七九三年、スタンホープ卿が総金属製の印刷機を実用化したのが一八〇四年である。刷版と紙を円筒《シリンダー》でプレスする印刷機は、一八一一年にフリードリヒ・ケーニヒ（一七七四～一八三三年）がロンドンで、ジョン・ウォルター二世率いる『タイムズ』向けに製作した。従来は毎時三〇〇枚だった片面印刷を倍速でこなす機械である。ケーニヒとバウアーはさらに、毎時一一〇〇枚を刷る蒸気駆動の機械式印刷機を実用化。『タイムズ』はこれを社用機として採用し、一八一四年十一月二十九日付の紙面の印刷で初めて利用した。二人は一八一六年に、二個の印刷機構を結合して両方の面に印刷できる機械も開発した。一八四〇～五〇年代には、既存の方式に諸々の改良を加えた複動印刷機が考案される。英国での開発はアプルガースとカウパー（『タイムズ』社用機）、パリではジョリ（一八四五年）、マリノニ（『プレス』用、一八四七年）による。印刷速度は毎時七〇〇〇～一万二〇〇〇部。一八四六年には米国でリチャード・ホーが、初めて刷版を円筒形にした印刷機を製作する。その改良が進められた結果、巻取紙《ロール》を使用できる輪転機が、一八六〇～七〇年に相次いで出現。米国での開発はウィリアム・ブロック、英国ではマクドナルドとJ・カルヴァアリー（『タイムズ』社用機）による。また英米の著作では忘れられがちだが、フランスでも一八六六～六七年にデリエおよびマリノニが実用化している（それぞれ『プティット・プレス』用、『プティ・ジュルナル』用）。初期の輪転機の性能は、毎時一万二〇〇〇～一万八〇〇〇部。

図版の複製――従来の木版技術に、十九世紀初めに革新が起こる。ひとつは〔凸版の〕木口《こぐち》木版、絵入り新聞・雑誌が出始めた時期に用いられた。もうひとつは、一七九七年にアーロイス・ゼーネフェルダーが発見した〔平版の〕石版印刷《リトグラフィ》術の普及である。各種の凹版技術も存在したが、新聞に用いるにはまだ速度が遅すぎ、費用が高すぎた。

（B）運輸

鉄道の発達とそれにともなう郵便網の整備が新聞・雑誌の流通を促進したことは想像に難くない。フランスでは、鉄道路線の起点という地の利のあるパリの諸紙が、地方でも広く予約購読されるようになる。他方、発行地の都市以外での定期刊行物の取次は、従来は郵便局の独占だったが、その独占の廃止が劇的な変化を引き起こす。第一段階は〔第二帝政期の〕一八五六年、対象は政治を論じない定期刊行物に限定された。読み物を求める庶民層を「危険性」の高い新聞ではなく、政治的に人畜無害な紙誌に誘導するための措置である。第二段階は一八七〇年、〔第二帝政崩壊により樹立された〕国防政府によって独占廃止が新聞・雑誌全体に拡大された。以後、各地に私設の取次店が誕生し、一部単位の店頭販売と呼び売りが広がっていく。予約購読に関する郵便局の独占は、ドイツその他の諸国では維持された。

（C）情報伝達技術

シャップが（一七九三年に）開発した腕木通信(1)は十九世紀に入っても公電専用とされていたため、その利益を間接的にしか享受できなかった世紀前半の新聞は、ニュースを速く伝えるために多大な努力を傾けた（伝書鳩、早馬便など）。決定的解決の道を開いたのは電信の発明である。米国で一八三七年にモールス、ドイツでガウス（一八三三年）、英国でホイートストン（一八三七年）、フランスでフォワとブレゲ（一八四五年）が実用化にこぎ着けた。

（1）可動式の三つの節からなる直線構造物の示す形を望遠鏡で視認し、リレーしながら伝達する遠距離通信〔訳注〕。

一八四五年に整備が始まったヨーロッパ各国の電信網は急速に広がり、やがて海洋を横断した（一八五〇年に仏英カレー＝ドーヴァー間、一八六六年に欧米間）。一八五〇年以降の報道の領域は、延伸する電信ケーブル網の範囲と重なり合う。フランスでは、一八四五年にパリ＝ルーアン間に最初の電信線が敷設され、一八五五年には全県庁がパリと結ばれた。一八五〇年には公電だけでなく私信の受付も始まっている。印刷電信機は、一八五五年にヒューズが開発（伝送能力は毎時一〇〇〇語）、一八七四年にボドーが改良（毎時四〇〇〇語）、その後の近代的な印刷電信機《テレタイプ》の原型となる。同種の機械をドイツではジーメンスが製造した。

4　通信社の誕生

新聞の発展とともにニュース市場は急速に拡大し、専門の通信社が出現する。最初は小所帯だったところも多いが、十九世紀中葉から電信を追い風として成長した。

アヴァス通信——世界最初の通信社、一八三二年八月にシャルル＝ルイ・アヴァスが設立。当初は国内日刊紙向けの外国紙翻訳事務所にすぎなかったが、似たような通信事務所の吸収を重ね、一八三五年十二月にアヴァス通信に改称。政府の支援を受けて急成長し、世紀中葉には電信サービスを事実上独占する大手企業になっている。転写石版プリントで新聞社にニュースを配信、内外の政府情報と通信員ネットワークがソース。初期の成功の一因は伝書鳩の利用、これでロンドン市場の株価情報を速報した。世界的な定評を確立したのは第二帝政期の一連の戦争、とりわけ〔一八五四年に始まる〕クリミア遠征と〔一八五九年に始まる〕イタリア遠征の際である。アヴァスは他方で早くから広告総合会社（ＳＧＡ）と提携し、一八六五〜七九年には経営も統合した。主な狙いは地方紙である。ＳＧＡから商業広告や金融広告を回し、広告収入をアヴァスへの料金支払いの足しにさせる仕組みだった。

ヴォルフ通信——アヴァスの従業員だったベルンハルト・ヴォルフと、技師ヴェルナー・ジーメンスの従兄ゲーオルク・ジーメンスが、一八四九年にベルリンで設立、電信利用の情報収集を世界で初めて開始した。一八六五年にビスマルクにより、プロイセン政府の管理下に。

ロイター通信——一八五一年十月にロンドンで設立。同じくアヴァスの従業員だったドイツ出身のジュリアス・ロイターが一八五〇年に始め、同年の終わり頃まで続けたベルギー＝ドイツ間の伝書鳩サービス事業を前身とする。当初は株価情報をやりとりするだけだったが、すぐにロンドンの主要紙にも顧客を拡大。うち、自前の通信員を抱える『タイムズ』は、なかなか配信サービスの意義を認めようとしなかったが、一八五八年についに契約を結ぶにいたる。ロイターは急速な成長を遂げる。世界の十字路であり、世界最大の電信ケーブル網の中心だったロンドンを拠点としたことが、短期間での世界的な拡大につながった。

アソシエイテッド・プレス（ＡＰ）——ヨーロッパ発のニュースを非常に重視する米国の諸紙は、旧大陸からの船が携えてくるニュースを最初につかもうと、共倒れ寸前の費用をかけて競争していた〔来航する船に沖合いで接触するために小型船を派遣)。そうしたなかで一八四八年五月に、ニューヨークの六つの日刊紙が情報収集協定を結ぶ。AP通信はこの協定から誕生した。しかし各紙が競争にしのぎを削っていたうえに、(顧客の新聞社も南北双方に分かれていた)南北戦争(一八六一〜六五年)が逆風になったこともあり、当初は伸び悩んだ。

これらの主要通信社は、間もなく相互の競争が無益であると悟り、情報交換協定を交わすことにした。各社が特定の地域を縄張りとする「世界分割」の第一弾で、幹事役は最古参のアヴァスが務めた。第一次協定は一八五九年にアヴァス＝ヴォルフ＝ロイター間で結ばれ、一八七五年にAPが加わった。

Ⅱ　一八一四〜一八七〇年のフランス

一八〇〇〜七〇年の間に日刊紙の合計部数が三〇倍に急増した事実には、フランスのジャーナリズムの変貌が体現されている。度肝を抜かれた歴代政府は、その発展を食い止め、その論調を統制しようと万策を尽くした。とりわけ新聞が体制を脅かし、権力行使の邪魔になることを敏感に察知した政府には、そうした傾向が強い。急速な成長に意を強くした新聞の側は、逆に自由の拡大を求め、官憲による妨害をすり抜けようとした。この時代に自由主義思想は前進を遂げ、人々の知識とメンタリティも新たな思想や経済・社会・文化の新たな実情へと適応していく。政治に直接的な影響を及ぼし、世論に働きかける力を備えた新聞もまた、その一翼を担っていた。

1 「王政を攻撃する新聞・雑誌」――一八一五〜一八四八年

新聞・雑誌全般を対象とする法律や勅令《オルドナンス》は、この三三年間で一八件にのぼった。出版の自由が政治の焦点となっていたことがよくわかる。

(A) 王政復古期(一八一五〜一八三〇年)

まず一八一九年三月から六月にかけ、一八一四年法の強圧的な規制〔事前認可、刑事裁判所〔非陪審制〕を管轄とする多数の違反罪、実施は散発的であった検閲、印紙税〕が、セール諸法によって緩和された。このフランス初の出版規制法典化の試みにより、事前認可は廃止され、主要な政治犯罪は陪審裁判の対象となったが、その一方で新たに保証金制度が導入された。一八二〇年三月〔に反動的な規制法が可決されて〕以降は、〔一八二二年に就任した過激王党派の〕ヴィレール首相の時期に自由を制限する政策が復活し、締めつけが強化されていく。裁判管轄が刑事裁判所に戻されただけではない。政府は新聞の買収工作も始めている。次いで〔穏健王党派の〕マルティニャック首相の時期、一八二八年から二九年にかけてしばしの間は多少の自由が回復した。しかし新聞各紙から叩かれまくった〔過激王党派の〕ポリニャック首相は、一八三〇年七月二十五日の一連の勅令という強硬策によって新聞を抑えこもうとした。彼は国王への奏上に次の非難を連ねた。「定期刊行物はかねて無秩序と騒擾の具でありましたし、畢竟《ひっきょう》そのようなものでしかありえませぬ。

従順と服従の紐帯を緩ましめ、官憲の気力を阻喪せしめ（……）、その世評を落とさしめ、その妨害（……）をすることに（……）血道を上げておるのです」。彼の勅令案には、検閲を復活させ、発行の認可を反故にして、過激王党派の諸紙だけに復刊を認める規定が盛りこまれていた。

パリのジャーナリストは『ナショナル』編集部の呼びかけに応じ、抵抗運動を組織した。パリの〔七月〕革命運動は彼らの声明文を契機に開始される。新聞がその実力を発揮したのだった。

王政復古期に最も影響力のあった新聞として、『ガゼット・ド・フランス』は、編集主幹アベ・ド・ジュヌードのもと、過激王党派路線を堅持した。『日々』は、極端に保守的であるがゆえ、政府と対立することもままあった。有力紙の双璧をなすのが『デバ』と『コンスティテュショネル』である。

ベルタン兄弟の『デバ』は、発行部数およそ二万、論調はどちらかといえば穏健派の部類だった。買収工作になびく余地があるとも見られていたが、高級紙の座を維持し、パリの上流ブルジョワ層と地方有力者の間に盤石の影響力を確立していた。シャトーブリアンが才筆を振るい、紙面下段に固定されたジョフロワの学芸時評が一世を風靡したおかげである。〔一八一五年の〕創刊当初に伸び悩んだ『コンスティテュショネル』は、主筆エティエンヌのもとで、自由主義・反教権主義の反政府新聞へと舵を切った。中流ブルジョワ層の新聞、居酒屋《キャバレー》や会員制図書室に置かれる新聞として多数に読まれ、社主たちに潤沢な利益をもたらした。

共和派と呼んでも差し支えないような二つの反政府新聞が、マルティニャック首相の登場後に生まれている。アルマン・マラストの『諸県演壇《トリビューヌ》』、ティエールとミニエ、アルマン・カレルの『ナショナル』である。

王政復古期には、小冊子やパンフレット〔ポール＝ルイ・クリエら〕が猛然と宣伝工作を繰り広げた。自由主義の『〔フランスの〕ミネルヴァ』、中心はバンジャマン・コンスタン（一八二〇年に消滅した日刊紙『検閲官』でも盛んに執筆）。『保守派』、中心はシャトーブリアン、ラムネー、ボナルド。これらの定期発行の小冊子は、一八一八年から二〇年まで、諸党派の方針決定に重要な役割を演じた。非常に個性的な新聞だったのが『グローブ』。一八二四年に創刊、三〇年に日刊紙に転換。批評家サント・ブーヴの文壇デビューの舞台となる。政論を展開しない小新聞もあった。『海賊《コルセール》』、『あしなえの悪魔《ディアーブル・ボワトゥ》』、一八二六年の第一次『フィガロ』。以降それぞれの時代に大量に生まれ、パリの生活・ゴシップ・流行を書き立てる種類の新聞・雑誌の源流は、機知にあふれた当時の小新聞にさかのぼる。

(B) 七月王政期（一八三〇～一八四八年）

新聞が火をつけた革命を出自とする以上、七月王政〔オルレアン朝〕は自由の拡大を認めないわけにはいかない。〔第一次王政復古時に憲法に代わって制定された憲章を〕改正した憲章の第七条〔旧第八条〕に自由の保障を書きこんで、一八三〇年十月に裁判を陪審制に戻す法律、十二月に保証金の金額を引き下げる法律を制定した。

しかし一方では正統王朝派〔ブルボン派〕の紙誌から、他方では民主派の紙誌から激しく突き上げられた歴代内閣は、多数のジャーナリストの起訴処分をもって応じる。陪審は彼らのほとんどを無罪放免とした。〔一八三五年七月に国王ルイ＝フィリップの暗殺を謀った〕フィエスキ事件が起きると、これを口実に政権は一八三五年九月の諸法を制定する。刑事起訴の実効性を高め、保証金を倍額に引き上げただけでない。検閲を復活させ、イラスト画も対象とした。『カリカテュール』や日刊紙『シャリヴァリ』に掲載されるフィリポンやドーミエのイラスト画は、反政府派の政治的武器として絶大な効果を発揮していたからだ。三五年の諸法が施行された後、新聞・雑誌はしばしば攻撃の手を緩めざるをえなかった。とはいえ、表現の自由はいまだ小さくはなかった。

正統王朝派は、相変わらず『ガゼット・ド・フランス』を牙城とした。加えて、一八四七年に『〔王党〕結集《ユニオン》』が創刊。〔王位継承を要求するブルボン家の〕シャンボール伯の非妥協的な機関紙で、一八八三年まで継続。この時期に、カトリック新聞も誕生。ラムネーの『将来《アヴニール》』。一八三〇年十月から三一年十一月まで発行、〔その自由主義を〕教皇グレゴリウス十六世に否認されて復刊を断念。アベ・ミーニュの『万有《ユニヴェール》』。一八三三年創刊、長期にわたって存続。一八四三〜七九年にはルイ・ヴイヨの機関紙と化した。十九世紀で最も有力なカトリックのジャーナリストであったヴイヨは〔自由主義に対する〕非妥協派であり、教皇権至上主義の論陣を張った。彼がフランスのカトリシズムの動向に及ぼした影響は看過できない。七月王政の政府派諸紙では、『デバ』はもったいぶった紙面を維持。『コンスティテュショネル』は政府支持に回った。一八三一年に二万三〇〇〇部あった部数は、一八四四年には三六〇〇部まで低落。この年に〔社主となった〕ヴェロン博士が、ウジェーヌ・シューの小説『さまよえるユダヤ人』の連載という策で起死回生。ジラルダンの『プレス』も政府支持。反政府の共和派では、『ナショナル』が〔後述の〕一八三六年のカレルの死後は低迷。左翼の二大紙が『改革』と『世紀』。前者はルドリュ＝ロランが一八四三年に創刊。後者はデュタックが発行、後にアヴァンに交替、一八四七年に四万部超。燎原の火のごとく広がっていた社会主義思想を反映した新聞もあまた出現、多くは短命。フーリエ主義に立つヴィクトール・コンシデランの『平和的民主政』、サン・シモン主義に立ったピエール・ルルーの『グローブ』、共産主義に立つカベの『ポピュレール』、〔カトリック社会主義たる〕ビュシェ主義に立つ『作業場《アトリエ》』、等々。

七月王政期の大きな特徴のひとつは、ゴシップや諷刺漫画《カリカチュア》を載せた小新聞の登場である。その筆頭が『シャリヴァリ』で、一八三二年の創刊から息長く続いた。もうひとつは、有力な高級専門誌の誕生である。以後一九一四年までの間に、月に一、二回のペースで発行される雑誌が多数発刊された。ビュロの『両世界評論』、一八二九年に創刊。『パリ評論《ルヴュ》』、同じ年に創刊。『コレスポンダン』、一八四三年に、モンタランベール、ファルー、アベ・デュパンルーらのもとで、自由主義カトリックの機関紙となった。さらに、シャルトンの『イリュストラシオン』もこの時期にさかのぼる。一八四三年の創刊から一世紀にわたり、その地位を守り続けたフランスの高級ビジュアル紙である。

(C) 安価な新興日刊紙

新聞の普及を妨げていたのが、予約購読料の高さだった。年間八〇フラン、パリの労働者の平均月給を上回り、農村部の小学校教師の年俸の一割に相当する。印紙税廃止の見通しがない以上、値下げの道は広告収入だといった発想は、この時代には雲をつかむような話であった。そこへ一八三六年七月一日に登場したのが、購読料を四〇フラン〔毎号一〇サンチームの勘定〕に抑えた二つの新聞、『世紀』と『プレス』

である。

その先導者エミール・ド・ジラルダンは、一八〇六年に非嫡出子として生まれた。一八二七年に自伝小説『エミール』で世に出た後、他紙の記事の寄せ集め的な週刊紙『盗人《ヴォルール》』を一八二八年に、『モード』を一八二九年に創刊。一八三一年に妻となったデルフィーヌ・ゲーにも出世を助けられた。この年に月刊紙『有用知識ジャーナル』を年間購読料四フランで発刊、一時の徒花で終わったが（一八三二年に一三万部）、他のさまざまな大衆雑誌で財をなす。一八三四年には〔制限選挙による代議院＝下院の〕議員に選出、もはや堂々たる「成功者」であった。彼はデュタックと組んで新聞発行の準備に取りかかる。しかしジラルダンの『プレス』は、彼とたもとを分かったデュタックの『世紀』に大きく水をあけられる。一八三六年七月、ジラルダンは〔『ナショナル』創刊者のひとり〕アルマン・カレルを決闘で殺害する。古い新聞に対する新しい新聞の勝利を象徴するような事件であった。

広告の創始者はジラルダンだとされている。だが実際はそうではない。すでにルノドーが始めていたし、広告枠をもつ日刊紙は一八一五年の時点でいくつかあった。一八三五年の一年間に『デバ』が得ていた広告収入は二〇万フラン、一八三六～四八年の『プレス』の年間広告収入を上回る金額である。

『世紀』と『プレス』の成功は目覚ましかったが、電撃的だったとまではいえない、以後、他紙も予約購読料の引き下げに追随し、パリの日刊紙の合計部数は一八三六年の八万部から一八四七年の一八万部に増加。

これらの新興紙は内容の面では既存紙と大差なく、競争の激化を呼んだ。その産物が連載小説であり、各紙の目玉として大人気を博する。

最初に評判をとったのは、アレクサンドル・デュマ〔父《ペール》〕の『ポール船長』。一八三八年にこれを載せた『世紀』は五〇〇〇人の新規読者を獲得。一八四二年にはウジェーヌ・シューの『パリの秘密』。あの堅苦しい『デバ』の連載である。十九世紀の反教権文学の傑作となったシューの『さまよえるユダヤ人』は、大枚一五万フランを払った掲載紙『コンスティテュショネル』に、一万五〇〇〇件の予約購読をもたらした。一八四四年にはデュマ〔父〕の『三銃士』が『世紀』で、『モンテ・クリスト伯』が『デバ』で連載を開始。

2　束の間の開花──第二共和政期〔一八四八年二月〜一八五一年十二月〕

七月王政の信用失墜と崩壊〔二月革命〕に大きな役割を演じた新聞は、それ相応の報奨を得た。一八四八年三月四日・六日に一連の政令が出され、絶対的な自由が確認された。印紙税と保証金は廃止され、裁判は陪審制に戻った。

パリでも地方でも数か月にわたって、まさに百花繚乱の新聞が出現した。論調もさまざま、文体もとりどりで、五サンチームの一部売りが多かった。ジョルジュ・サンドが『真の共和国』、ラスパイユが『人民の友』、ラマルティーヌが『公共善』、ラムネーが『制憲の民《コンスティテュアン》』、ラコルデールが『新時代《エール・ヌーヴェル》』、プルードンが『人民の代表《ルプレザンタン》』、少し遅れて〔夏に〕ヴィクトール・ユゴーが『エヴェヌマン〔出来事〕』で健筆を振るった。既存紙も新興紙に押されることなく健在で、『プレス』は七万八〇〇〇部。

この自由はまたもや、一八四八年六月の事件〔パリの労働者蜂起〕を契機に制限される。復活した保証金を工面できなかったラムネーは、七月の終刊号で怒りを爆発させた。「ものを言う権利を享受するには金子《きんす》が、たくさんの金子が要るのだ。われわれは裕福ではない。貧者は黙れということだ」。一八四九年七月には、政治犯罪の取り締まりが厳しくなり、呼び売りの監視も強化された。

一八四八年十二月、ルイ＝ナポレオン・ボナパルトが共和国大統領に選出される。保守諸派の新聞が地方でもパリでも大挙して支持した結果である。そして一八五一年十二月二日のクーデタを経て、出版の自由に致命的な一撃が加えられた。

ルイ＝ナポレオンは霧月十八日以後の伯父の行動にならい、手始めにパリの日刊紙の認可を一一紙に限る措置をとった。地方では、命を受けた県長官が「極左《ルージュ》新聞」を撲滅した。一八五一年十二月三十一日、刑事裁判所が出版法違反罪の基本的管轄に復帰。一八五二年二月十七日、新機軸の取り締まり制度を施行。事前認可制のもと、政府当局の「発表」を通じて、官許新聞に公式の真実を踏襲させる。問題があれば、県長官から「警告」を発する。第一の警告で効果がなければ、二発目で発行差し止め、三発目で廃刊である。この制度は十九～二十世紀に諸国で模倣されることになる。第二共和政末期にフランスの新聞は、政府の逆鱗に触れぬよう、それぞれ自主検閲の実施を迫られた。

3　屈従から反逆へ――一八五二～一八七一年

〔一八五二年十二月に始まる〕第二帝政期に新聞は大きく発展した。パリの日刊紙は一八五二年の一五万部から一八七〇年の一〇〇万部（うち半数は五サンチーム紙）へ、地方の政論日刊紙は一八五三年の推定四五万部から、一八七〇年の推定九〇万部へ。この時期の新聞の著しい変化は、部数だけにとどまらない。紙面の作りが多様化し、『プティ・ジュルナル』の発刊を機に、新聞の裾野は庶民大衆にまで広がった。

(A) 専制帝政（一八五二〜一八六〇年）

一八五二年二月十七日の政令による出版規制の時期、新聞界に波風は立たなかった。政府は官許新聞の決定にあたり、論調にある程度の幅をもたせるようにした。『万有』が教皇権至上主義。『結集』『ガゼット・ド・フランス』が正統王朝派。『デバ』が自由主義中道右派。『モニトゥール・ユニヴェルセル』が官報。『国《ペイ》』『コンスティテュショネル』『祖国《パトリ》』が御用新聞。『プレス』が政府支持。アヴァン率いる『世紀』は反教権主義で、民主派といえなくもなく、「反対派の意見番《モニトゥール》」を自任した。

(B) 自由帝政（一八六〇〜一八六八年）

この時期のナポレオン三世は、カトリックからの離反〔イタリア統一戦争で教皇を無条件支持せず〕、保護主義からの離反〔英国と自由通商協定を締結〕により、国内に不満を引き起こした。対外的に失策〔特にメキシコ遠征〕を犯し、老境にさしかかりつつあった。そして、新聞の締めつけをやや緩めた。

政府は反対派を分断すべく、新規の発刊を認可した。ゲルーの『国民言論《オピニオン》』、一八五九年。『世界』、一八六〇年。同年に廃刊処分を受けたカトリック機関紙『万有』（一八六七年に再刊）の代替紙。ネフツェルの『タン（時）』、一八六一年。信頼性の高い情報を提供し、創刊当初から自由主義の機関紙となる。ペラの『国の将来《アヴニール・ナショナル》』。教条的自由主義を標榜。週刊紙『日曜通信』。「高等師範学校系」の反対派で、プレヴォー＝パラドルやJ・J・ヴェースが寄稿。イポリット・ド・ヴィルメサンの『フィガロ』は、一八六六年に日刊化、一八六七年に政論新聞となる。一八五四年に創刊された当初はパリの雑報をあつかう週刊紙だった。

(C) 議会帝政（一八六八〜一八七〇年）

反対派の制御に手を焼いた政府は、従来の規制の放棄に追いこまれる。一八六八年五月十一日付の法律により、事前認可は廃止。新規創刊された多数の新聞は、猛烈な論調で政権への不信感を煽り立てた。

オルレアン王朝派の『パリ日報』。自由主義カトリックの機関紙『フランス人』。ドレクリューズの『目覚め《レヴェイユ》』、ジュール・ファーヴルの『選挙権者《エレクトゥール》』、ジュール・ヴァレスの『人民』、ヴィクトール・ユゴーが亡命先から鼓舞した『喚起《ラペル》』など共和派の諸紙。新聞から矢のように降り注ぐ批判は、「軽蔑による革命[1]」であった。相次いで新聞界に起きたボーダン事件[2]とヴィクトール・ノワール事件は、この時期の争論を色濃く映し出していた。新興諸紙のなかでも最も激烈で、おそらく最も危険だったのが、一八六八年五月に出現した『灯火《ランテルヌ》』である。小ぶりで六四ページ、週刊のパンフレットで、創刊者はアンリ・ロシュフォール。機知にあふれ、妥協のない姿勢で多くの読者をつかみ、一〇万部以上を発行。ロシュフォールは起訴処分を受け、ブリュッセルに逃れるが、一八六九年に〔男子普通選挙による立法院＝下院の〕議員に選出〔＝不逮捕特権〕、日刊紙『マルセイエーズ』を創刊した。〔一八七〇年に〕同紙記者のヴィクトール・ノワールがピエール・ボナパルト公に〔別の新聞の記者との諍いがらみで〕殺害される事件が起きる。その葬儀は騒乱と化し、ロシュフォールは投獄。〔帝政が崩壊した〕九月四日に釈放され、国防政府の一員となるも、十月〔の民衆蜂起弾圧を受けて〕下野し、『号令《モ・ドルドル》』を創刊。コミューン後に拘束され、ニューカレドニアの徒刑場に送られた。一八七四年に脱獄、一八八〇年に恩赦を得てフランスに帰国。続けて創刊した『非妥協派《ラントランジジャン》』は、当初は社会主義を掲げたものの、ブーランジェ運動(3)を境にナショナリズム色を強めた。この運動を支持したロシュフォールは、一八八九年から九五年まで再度亡命。一九〇八年に『非妥協派』をレオン・ベルビに売却した後、一九一三年に死去するまで『祖国』への寄稿を続けた。

(1) もともとは一八四七年にラマルティーヌが七月王政に突きつけた表現〔訳注〕。
(2) 一八五一年のクーデタの際に殺害された議員アルフォンス・ボーダンの記念碑を建てようと、一八六八年に『目覚め』紙その他の共和派諸紙が募金を呼びかけたことで、ドレクリューズらが起訴された事件〔訳注〕。
(3) 一八八〇年代後半に高揚した反議会主義の運動。八八年の選挙で大勝したブーランジェ将軍を担いだクーデタ計画は土壇場で未遂に終わった〔訳注〕。

(D) 普仏戦争とコミューン

開戦時、大半の新聞は好戦論を高唱していた。〔一八七〇年〕九月四日に共和政が宣言されると、新聞はただちに自由化され、戦時中にもかかわらず検閲なしで発行できるようになった。

包囲されていたパリの市中では、社会主義の諸紙が民主政に向けた宣伝工作を集中的に展開した。一八七一年一月に結ばれた休戦協定には、それをとりたてて制限するような条項はなかった。三月十一日に〔パリ司令官〕ヴィノワ将軍が戒厳令を根拠に極左新聞六紙を廃刊処分にした時、すでにコミューンの気配はパリに立ちこめていた。コミューンの最中にはロシュフォールの『号令』、ヴァレスの『人民の叫び』、ヴェルメルシュの『デュシエーヌ親父』、フェッリクス・ピヤの『復讐者』、ミリエールが寄稿した『コミューン』といった〔連盟軍＝コミューンを支持する〕連盟派の新聞が気炎を上げた。しかし、それらを地方にまで送り届けることは不可能だった。穏健派の諸紙はこの間、〔王党派が多数を占める議会および政府の置かれた〕ヴェルサイユもしくは〔同じくパリ郊外の〕サン・ジェルマン〔・アン・レー〕への避難を余儀なくされた。

コミューン派のジャーナリストは、血の一週間〔五月二十一日〜二十八日の殲滅戦〕に激甚な被害を受けた。さらにブルジョワ諸紙の暴力的な論調に煽られて、コミューン派に対する猛然たる弾圧が展開された。新聞がこれほど明白な、これほど凄まじい階級憎悪の表現を用いたのは、古今東西に空前絶後であったかもしれない。

4　大衆紙の草分け

一八六三年二月一日、ハーフサイズ〔縦四三センチ、横三〇センチ〕四ページ建て、単価五サンチームの『プティ・ジュルナル』をモイーズ・ミヨーが創刊した。これはヨーロッパの新聞史に残る日付となる。一部売りによって庶民層まで読者を拡大した初めての日刊紙、当時世界で最も廉価な新聞だった。

成功の要因はいくつもある。印紙税の対象となる政論新聞とはせず、文体も平易であり、ごく一般的な庶民の良識に類することをティモテ・トリム〔レオ・レスペスの当初の筆名〕が一面で書きまくった。三面記事を徹底活用し、一八六九年のトロップマン事件〔資産家一家惨殺事件〕で五〇万部超。連載小説では異色の路線をひた走った。ポンソン・デュ・テラィユの『ロカンボール』、ガボリオの『ルルージュ事件』〔姉妹紙『太陽』掲載〕は、他の追随を許さない豊かな想像力と圧倒的な筆力で、読者に息つく暇も与えなかった。『プティ・ジュルナル』は「痴れ者になるのを辞さない心意気」でもって、教養の浅い公衆の嗜好と興味に応える新聞だった。この新聞によって数世代にわたる人々が、読み物の楽しさを初めて味わうことになる。一八七〇年の発行部数は三〇万部あまり。

『プティ・ジュルナル』は地方展開も早かった。郵便局による独占が廃止され、一部売りが可能になった折から、地方都市で多くの人々に読まれるようになった。大量の用紙への印刷は問題続出だったが、それも一八六七年までにデリエとマリノニにより輪転機が開発されて解決した。同紙の紙面作りは、ポール・ダローズの『プティット・プレス』と『プティ・モニトゥール』の両紙も真似したが、『プティ・ジュルナル』ほどには成功しなかった。

5　地方紙の覚醒（一八一五〜一八七一年）

この時代の地方紙の進展は緩慢だった。潜在的な顧客が少なく、内容も独創性に乏しかった。そのうえ政体が変わっても県長官による厳しい監督は変わっていない。地方都市にはそれぞれ、県の長官または副長官に従う政府派新聞があった。地方紙の発行間隔は都市の規模によりけりであり、小都市の場合、印刷商が副業で手がけ、政治は論じない広告新聞しかないところが多かった。反対派の新聞も存在したが、法定公告収入が入らないうえ、出版勅許も安泰ではなかったから、多くは低調で短命に終わっている。「県選定紙」以外で生き残ったのは、司教や保守派有力者の支援を受ける聖職者新聞だけだった。全体として見ると、七月王政期に反対派の自由主義新聞がいくつか誕生。第二共和政期に創刊ラッシュ、この時の新興紙は一八四八年六月以後、そして一八五一年十二月以後は急速に消滅。第二帝政の初期に少なくとも主要都市で広く見られたのは、二紙か三紙が競合し、そこから県長官がみずからの意向に沿った一紙を選定するという状況である。一八七〇年にはリール、ボルドー、マルセイユに五サンチーム紙が登場していた。

Ⅲ　一七九一～一八七〇年の英国

1 「知識への課税」

歴代内閣は名誉毀損法を見直す挙には出ないまでも、新聞の監視を怠らなかった。多数の記者が訴追され、陪審から厳しい判決を下されることもままあった。この時代に官憲が強く恐れていたのは、政治的に急進的な大衆紙の伸長だった。新聞諸税〔印紙税のほか広告税と用紙税〕の引き上げは、それを抑えるためのものであり、一八一九年には課税対象が政治を論ずる定期刊行物全般に拡大された。このため英国の新聞は世界で最も高価になった。『タイムズ』を例にとると、一八一五～三三年には『デバ』や『コンスティテュショネル』の三倍もした。一八一五～三六年の価格は『タイムズ』が七ペンス＝七〇サンチーム相当、

『コンスティテュショネル』が二〇サンチーム。一八三〇年の発行部数はパリの日刊紙が合計六万部、（この頃に世界最大都市となった）ロンドンの一七の日刊紙が四万部。世論の圧力を受けて新聞諸税は一八三三年から引き下げられ、一八五三年から六一年にかけて廃止された（五三年に広告税、五五年に印紙税、および六一年に用紙税が廃止）。

2 『タイムズ』の独り勝ち

日刊紙『タイムズ』は、ジョン・ウォルターを発行人とする一七八五年創刊の『デイリー・ユニヴァーサル・レジスター』を前身とし、一七八八年一月一日に現在の題号に変更した。裏金体質から有力紙へと脱皮したのは、一八〇三年にジョン・ウォルター二世（一八四七年に他界）が経営を引き継いでからのことである。トーマス・バーンズ（一八一七～四一年の主筆、後任はディレイン、～一八七七年）のもとで極上の読者を得て、絶大な権威を確立した。独立性を堅持し、政治改革の主張を掲げなかったが、改革が実施されれば受け容れた。その質の高い情報と多大な影響力から、国外でも広く読まれた。発行部数は一八二〇年に一万部、一八五〇年に四万部。さらにクリミア戦争（一八五三～五六年）の際にW・H・ラッセル特派員の特報で新たな読者を獲得し、六万部に伸長。

競合紙は『モーニング・クロニクル』（一七六九年創刊、自由主義、一八一七年までジェイムズ・ペリー、次いでブラックが主筆、ホイッグ党ジャーナリストの精鋭を集結）、『モーニング・ポスト』、『モーニング・ヘラルド』、チャールズ・ディケンズが創刊した『デイリー・ニューズ』、トーリー党の上流階級新聞『モーニング・ジャーナル』。そのなかで『タイムズ』の優位は圧倒的だった。政治闘争の時代であったから、新聞の新規創刊も多数にのぼる。新たに登場した政論新聞の最有力紙は『ポリティカル・レジスター』だろう。急進的民主派の機関紙で、ウィリアム・コベットが一八〇二年から三五年まで発行。意外なほど労働者層にも読まれ、一八一九年に印紙税の対象とされた（二ペンスから六ペンスに値上げ）。独特の形式の専門雑誌も生まれた。発行間隔が長く、ページ数が多く、政治と文化をあつかうもので、じきに大陸にも広がった。『エディンバラ・レヴュー』、一八〇二年にブルームらが創刊、自由主義。『エグザミナー』、一八〇八年創刊、ホイッグ党。『クォータリー・レヴュー』、一八〇九年創刊、ウォルター・スコットが寄稿。

3　一ペニー紙の成功（一八五五年以降）

「知識への課税」が廃止されるやいなや、多数の新聞が創刊され、読者の数も増大した。値段が一ペニー、すなわち一八三六年以降のフランス紙と同程度まで下がったからだ。この流れに既存紙も逆らいきれなくなる。『タイムズ』の部数を横ばいにさせた対抗紙の名は『デイリー・テレグラフ』。一八五五年六月創刊、一八五六年に二万七〇〇〇部、一八六一年に一四万一〇〇〇部、一八七一年に一九万一〇〇〇部。あるいは『スタンダード』、一八五七年に朝刊化。ここに英国の新聞界は新たな時代の幕を開けた。

4　日曜大衆紙

十八世紀終盤以降、日刊紙とはまた別に、大きく成長したのが日曜大衆紙である。挿し絵を入れ、政治は論じず、犯罪事件や大衆文学が中心の紙面を提供した。『サンデイ・モニター』、最初の日曜大衆紙、一七七九年創刊。『オブザーヴァー』、一七九一年創刊。他に『サンデイ・タイムズ』『ベルズ・ウイークリー・メッセンジャー』『ニューズ・オヴ・ザ・ワールド』など。切り裂きジャック事件（一八八八年）をいち早く報じた『ロイズ・ウイークリー・ニューズペーパー』は、一八六〇年に二〇〇万部近くに達している。[1] 日曜大衆紙という独特のジャンルは、以後も英国紙の大きな特徴をなすことになる。

（1）一八九六年に一〇〇万部を超える初めての新聞となったことが知られているので、二〇万部の誤記か〔訳注〕。

ビジュアル雑誌が誕生したのもこの時代である。『ペニー・マガジン』、一八三二年創刊、翌年早々シャルトンの『マガザン・ピトレスク（絵の宝庫）』に真似された。『イラストレイテッド・ロンドン・ニューズ』、一八四二年創刊、翌年パリに登場した『イリュストラシオン』の手本。『パンチ』、一八四一年創刊、仏紙『シャリヴァリ』を模した有名な諷刺ジャーナル。

5　地方紙

この時代の英国の地方紙の進展は、フランスに輪をかけて緩慢だった。印紙税廃止が地方紙にも追い風となって、週刊紙の日刊化が相次いだことが特徴的である。『スコッツマン』、一八一七年創刊。エディンバラの自由主義新聞。『マンチェスター・ガーディアン』、一八二一年にジョン・E・テイラーが創刊、一八五五年に日刊紙に転換。一八七二年に主筆に就いたC・P・スコットが一九二九年まで長期にわたって在職。プレス・アソシエーション（PA）の設立もこの時代、一八六八年にさかのぼる。ロイター通信と電信会社への依存からの脱却をめざし、編集作業の共同化を図ろうとする地方紙が結成した団体である。

Ⅳ　一七八三〜一八六五年の米国――近代流のジャーナリズム

一七九〇年の米国は人口わずか四〇〇万、都市の規模が小さく、新聞の発行部数は微々たるものだった。しかし、この時代に米国紙は、それまでのおおむね英国紙に準じた作りから、激しいストレートな文体で個人的な論戦を煽る方向へと変化を遂げた。一八〇〇年の時点で、一三の州に一七の日刊紙と二〇〇の逐次刊行物が存在した。なかでも中核的な地位を占めつつあったのがニューヨークであり、英国の一ペニー、フランスの一〇サンチームに相当する二セントへの値下げで拡販に成功した有力紙も、この町から生まれた。その先駆けは一八三三年にデイが創刊した『サン』、一八三五年に一万九〇〇〇部。『ニューヨーク・ヘラルド』は、一八三五年に一セントで創刊、翌年に二セントに値上げ。創刊者のゴードン・ベネット（一七九五〜一八七二年）は、ルポや内幕ゴシップ、三面記事からなる近代流のジャーナリズムを追求した。ヨーロッパに特派員を置いた一八三九年に、三万三〇〇〇部を発行。『ニューヨーク・トリビューン』は一八四一年、『ヘラルド』の編集者だったホーラス・グリーリーが、事実報道に偏して政論をおざなりにしたジャーナリズムに憤慨して創刊した。当初は一セント、間もなく横並びの二セントに値上げ。長文社説が特徴的な硬派紙で、すぐに清教徒《ピューリタン》に愛読されるようになった。政治的には自由主義、時に社会主義寄りの主張を掲げさえし、『ヘラルド』と激闘を繰り広げた。挿し絵入りの別刷り『週刊トリビューン』が一八六〇年に二〇万部。南北の対立に際しては、民主党寄りの『ヘラルド』が南部連合派の支持を続けたのに対し、共和党寄りの『トリビューン』は奴隷制廃止の論陣を張った。

『ニューヨーク・タイムズ』は、『トリビューン』で働いていたレイモンドが一八五一年に創刊。報告型ジャーナリズムに偏することなく、各欄をしっかりと作りこみ、文章も達意な新聞の座を保ち、文芸分野と女性向け記事をかなり重視した。

一八五〇年に日刊紙の題号数は二四〇前後、部数は合計七五万部に達していた。米国紙にとって重大な局面となったのが南北戦争である。渦中の出来事に人々は大きな関心を向け、新聞の部数は著しく伸びた。また電信による速報の重要性が増し、戦争特派員のルポが報道の領域を押し広げた。

V　一七九二〜一八七一年のドイツ

中欧ドイツ圏では、新聞の政治的影響力を取り締まる法律が、フランスよりもはるかに効果を上げた。各地の君主政体はいずれも新聞を厳しく律した。多少の独立性をもって政治を論じることのできた新聞は、バイエルン王国かフランクフルト、ケルン、ハンブルクなどの自由都市にしか存在しなかった。ドイツ語紙の特徴の形成には、この時代のプロイセンとオーストリアのつばぜり合いもかかわっている。

フランス革命とナポレオン戦争はドイツの新聞に多大な影響を及ぼした。それは併合地域と傀儡王国では直接的であり、フランスの法制が押しつけられた。プロイセンとオーストリアでは間接的であり、政府が国内紙を宣伝工作に荷担させようとした。いずれにしても従属である。クライストが一八一〇年に創刊したベルリン初の日刊紙『ベルリン夕刊新聞《アーベントブレッター》』は、ナポレオンの不興を買わないよう翌年廃刊にされた。しかし、ナショナリズムの旗はすぐに『シュペナー新聞』と『フォス新聞』が引き取った。急先鋒に立ったのが、短命に終わった一八一三年の『プロイセン通信員』である。ナポレオンが失墜すると、いくばくかの希望が自由主義者に芽生え、J・J・ゲレスがコブレンツで『ラインの伝令使』（一八一四〜一六年）を発刊するなどの動きが起こった。されど制約はほどなく復活する。ドイツ連邦会議が一八一九年に〔カールスバート決議により〕取り締まりを諸邦全体に広げ、それを一八二四年、一八三一年、一八三二年にさらに強化した。検閲が実施されただけではない。政府当局の意に沿った新聞だけに広告を独占させる措置が、相当な効果を発揮した。この時代のドイツで最も情報に通じ、最も自由主義的だったのは、ヨーハン・フリードリヒ・コッタの『一般新聞《アルゲマイネ・ツァイトゥング》』（仏語通称『アウグスブルク・ガゼット』）である。一七九八年にテュービンゲンで創刊、一八一〇年にバイエルンを拠点に定めた。同紙に比べると他の新聞は、一八二四年にともに日刊紙となった『シュペナー新聞』と『フォス新聞』も含め、内容に精彩を欠いていた。

ケルンでは、自由主義の『ライン新聞』（一八四二〜四三年）が凡庸な『ケルン新聞』に挑み、カール・マルクスが優れた記事を書いたが失敗に終わった。一八四八年三月にようやく〔三月革命によって〕検閲が廃止されると、旧来の君主政体が勝利を収めるまでの束の間、ドイツでもオーストリア＝ハンガリーでも多彩な新聞が続々と生まれた。諷刺漫画の『クラデラダッチュ』、この時期の紙誌のうち著名度で一番かもしれない。カール・マルクスは『新ライン新聞』を、ベルリンではビスマルクが、きわめて保守的な『十字《クロイツ》新聞』を出した。国民自由主義ではB・ヴォルフの『国民《ナツィオナール》新聞』、民主派では〔A・〕ベルンシュタインの『予備選挙権者《ウールヴェーラー》新聞』が発刊された。デュモン率いる『ケルン新聞』は、自由主義的な彩りを加え、ドイツで最も盤石な新聞のひとつとなった。

一八四八年に始まる再興期は、フランスと同じく続かずに終わる。一八五〇年、次いで一八五四年に、厳しい法規制が敷かれた。だが、初めて広範な読者を得たドイツ圏の紙誌は、その後も真の意味での表現の自由とはいえないまでも、少なくとも以前より自由な調子で政治を論ずる権利を保つことになる。発行部数も増大し、株価新聞を前身とする『フランクフルト新聞』が多数の読者を得る。一八七〇年のドイツの新聞・雑誌は、フランスほど豊饒ではなかったにしても、高級紙も含めた多様な題号が発行されていた。ただし地理的には非常に細分化されていた。

第五章　一八七一〜一九一四年――大部数の大衆紙

十九世紀終盤から二十世紀初めの時期に、新聞はありふれた日用品と化す。この時代の発展も当然ながら国ごとにリズムが大きく異なる。基本要因は同じでも、各国の特性や歴史的状況に応じて独自の特徴が形成された。その特徴の多くは現在でも観察される。この頃に各国の大衆が身につけた新聞・雑誌との接し方は連綿と引き継がれている。新聞・雑誌の位置づけは一九一四年も現在もあまり変わらない。ジャーナリズムのあり方も新聞市場のあり方も大差ない。少なくとも工業先進諸国についてはそういえる。欧米圏以外では、新聞・雑誌はまだまだ立ち後れていた。新聞の発達の度合いは、その時代の社会の欧米化の度合いに相関していた。それは以後も長らく同様であった。

この時代は、さまざまな意味でまさに新聞・雑誌の黄金期となった。市場は順調に拡大を続け、飽和には達しなかったが、フランスは例外だったかもしれない。新聞・雑誌が競争相手に戦々恐々とする必要もなかった。多数に向けた報道の手段は、当時はそれ以外に存在しなかったからだ。

I　変化の概略

1　基本要因

基本要因はその前の時代と同じである。教育の普及、参政の進展、都市化の進行、運輸と通信の発達。こうした変化は報道の領域と読者の関心の拡大に直結した。そして新聞価格の低下を引き起こした。それは、直接的には大衆紙価格への横並びによるが、間接的には大衆の平均生活水準の向上にもよる。

製作技術の面では、以前ほど劇的ではない継続的改良の時代となった。印刷効率が向上し、資材原価と製作コストが低減。輪転機は大型化し、ページ数の多い新聞を高速で製作。一九一四年には、複数の排紙部分を備えた輪転機が、二四ページ建てを毎時五万部のスピードで印刷する水準にあった。

ただし**植字**に関しては一大革命が起きている。自動鋳造植字機の出現である。十九世紀中葉に多くの方式が考案された後、一八八四年にボルティモアで、オットマー・マーゲンターラーがライノタイプを開発する。植字工と鋳字工の抵抗をヨーロッパでは押し切りながら、この機械が主流となっていった。

グラフィックスの面では、写真術は十九世紀前半に発明されているが、印刷による複製が始まるのはかなり先だった。写真は長い間、彫版工や石版工が見本に使うものにすぎなかった。大量印刷方式の多様化は、一八五〇年頃に開発された写真製版によってもたらされる。写真を印刷するうえでネックになっていたグレースケールの再現の問題も解決された。一八五二年にW・H・フォックス・タルボットが考案した原理をもとに、一八八二年にドイツのゲーオルク・マイゼンバッハ、一八八五年に米国のF・E・アイヴズが網版を発明したからだ。網スクリーンを用いることで、密度の異なる多数の点からなる原版を作製し、それらの点を版に複製するという仕組みである。

凹版も高速印刷に用いられるようになる。特殊な輪転機の版胴に直接彫りこむ**グラビア技術**の開発によるが、その実用化はゆっくりと段階的に進行した。ランカスターでチェコ人K・クリッチ、およびS・フォーセットが初めて近代的なグラビア輪転機を製作したのは一八九五年のことである。依然として用いられていた石版印刷も、亜鉛版への置き換えによって輪転機で行なえるようになった。版に凹凸のないオフセット印刷は、数々の失敗を経て二十世紀初めにI・W・ルーベルが最終的に確立したものの、一九一四年の時点ではまだほとんど普及していなかった。

有線あるいは無線を介した**写真電送**は、一九〇七年にドイツでコルンが開発し、フランスでエドゥアール・ブランが改良を加えた。この「ベラン式装置」で電送された写真を初めて掲載したのは、一九一四年五月十三日付の『ジュルナル』である。リヨンの見本市の開幕に臨んだ商務大臣を撮影し、電話回線を通じて四分間で〔パリに〕伝送した。

十九世紀終盤に起きた第二次交通革命は、新聞市場の条件を徐々に変えた。パリから放射状に延びる鉄道網により、すでに全国紙が地方に広く出回っていたが、自動車革命で追い風を得たのは地方の大都市で発行される新聞である。農村部の僻地に迅速に配送し、読者の拡大につなげた。パリ周辺地域を除き、全国日刊紙は同様のメリットは得ていない。

2　新聞の変容

購読者が多数になった結果、新聞の体裁は様変わりし、種類も多様化した。

ページは大幅に増量した。とりわけ英米では、広告量の増大が後押しとなった。フランスでは対照的に、変化はむしろ緩慢だった。五サンチームの「小」新聞が「大」新聞と同様の判型に切り換えたのが一八八七〜九〇年、大部数紙が六ページ建てに移行したのが一八九九〜一九〇三年。一九一四年の平均ページ建ては、英米独が二〇ページ超、フランスが八〜一〇ページ。

レイアウトも多彩になった。十年一日のごとき段組に米国で初めて変化が生まれ、大見出しの多用も始まった。さらに一八八五〜九〇年からはグラフィックス、一九〇〇年以降は写真が彩りを添えた。ただ用紙の質が悪かったため、初期の新聞写真は何が写っているのか判然としなかった。

印刷分野に起きた十九世紀後半の産業・技術革命の影響はそれだけではない。日刊紙の分化が進み、大衆紙、高級紙、予約購読紙（縮小傾向）、一部売り紙、専門紙（スポーツ、金融、文芸など）に分かれた。日刊紙以外も各種雑誌、主義を掲げた専門誌、分野別や女性向け、子ども向けの紙誌などへと多様化した。

3　ジャーナリズムの変化

大衆化が進行し、ページ数が増えるにつれ、新聞のスタイルと内容も変わった。主要動向にかかわるニュースや身近なニュースに重点が移り、時評型ジャーナリズムから報告型ジャーナリズムへの移行が進む。なかでも米国ではそれが極端だった。各国の新聞は、一般大衆の嗜好を追いかけ、他紙との競争に追われながら、センセーショナリズムへと走っていく。その手法がプレス・キャンペーンである。たいてい何かしらの政治の動きを口実に開始され、民主諸国の政治にしばしば多大な影響を及ぼした。プレス・キャンペーンに乗せられた世論の要求が、新聞ネタにするには複雑で抽象的な構造改革には向けられず、二次的な問題へと向けられることもままあった。この時代の変化は総じて次のとおりである。読者の当然の関心に応えるような時事的な記事と論説を維持。知識解説型の欄を充実。小説やクイズ、各種イベントの紹介などを強化。その結果、新聞は娯楽性へと傾斜した。

競争にさらされた新聞各紙は、読者の新たな嗜好に迎合し、スポーツ・イベント（自転車レースや自動車レースの創始、飛行機械の実演）の後援や、さまざまな懸賞の掲載まで行なった。

ページの増量のほうは、第一に各欄の配置の見直しにつながった。日刊紙ではさらに、国内外の主要な政治動向への関心の薄い女性読者の取りこみなどを念頭に、特定の分野に特化したページを設けた。こうして内容も読者も拡大した新聞は、人々のメンタリティと生活様式を工業社会の変化に適応させる不可欠の手段となった。

4　ニュース市場と通信社

地球大にまで広がった世界では、情報の収集が大規模化し、情報を流すコストもかさんだ。電信を押さえる大手通信社が、新聞社にとって不可欠の存在として、ニュース市場を独占する傾向が強まった。自前の特派員ネットワークを維持し、大事件の際にリポーターを派遣する力があったのは、一握りの有力紙だけだった。

アヴァス通信は〔SGAと別個に〕一八七九年に株式会社化、SGAと緊密に連携する広告部門を一九〇〇年からレオン・レニエに任せ、国際的にはロイター、ヴォルフ、APとの協調を続けた。四者は一八八九年、一八九九年、一九〇九年に協調関係を確認する協定を交わしたが、AP通信は大戦期に独自路線を探るようになった。ヴォルフ通信はドイツ〔帝国〕政府の厳格な統制下にあった。ロイター通信は時代の波に乗っていた。英国の権益が世界各地に確立され、電信ケーブルの集中するロンドンに世界のニュース事業が集約された時代である。一八九二年に再編された米国のAP通信は、協定相手のヨーロッパ各社と違って、市場を事実上独占するまでにはいたらなかった。協同組合方式の形態ゆえに、加盟各社の同意なしに他の新聞社に新規にサービスを提供することはできず、一都市一紙の態勢になっていたからだ。一八八二年にシカゴで誕生した第一次ユナイテッド・プレスのようにAPに挑んだ数々の通信社のうち、有力な競争相手は一九〇七年にスクリップス＝マクレー・グループが立ち上げた第二次ユナイテッド・プレス（UP）と、一九〇九年にハーストが設立したインターナショナル・ニューズ・サーヴィス（INS）であった。

Ⅱ　一八六七〜一九一七年の米国――大衆に照準

1　概況

この時代の米国の新聞・雑誌の伸長は、南北戦争後の目覚ましい発展に見合っていた。日刊紙では、一九一〇年に題号数が二四三〇、合計部数が二四〇〇万超である。二セントの大手紙の躍進が続いた。ニューヨークが最大拠点（一九一〇年に二二紙）である点は変わらないが、他の大都市でも複数紙が発行された。概して各紙の競争はあきれるほど激しかった。ヨーロッパの事情通は米国紙の活気と経済力に目を見張った。強力なプレス・キャンペーンや、きわめて個人攻撃的な論争も驚きの的だった。この国のあらゆる営みにおいて、新聞は進歩の欠くべからざる手段であった。

2　一セント紙

この時代の米国紙の波瀾万丈をそれだけで言い尽くせるわけではまったくないにせよ、当時の発展ぶりを圧倒的に象徴する名前が二つある。ジョーゼフ・ピューリッツァー（一八四七〜一九一一年）とウィリアム・ランドルフ・ハースト（一八六三〜一九五一年）である。彼らの一セント紙は、大衆ジャーナリズムの最終段階を体現していた。

ピューリッツァーは一八六四年に米国に移民したユダヤ系ハンガリー人、南北戦争時に従軍した後、セントルイスに定住して法律を修め、駆け出しのジャーナリストとなった。一八七八年に二つの既存紙を買い取って『セントルイス・ポスト・ディスパッチ』を創刊、「人情味」で彩られた三面記事とルポで新しい大衆ジャーナリズムを試みた。並行して、地方の選挙戦にも果敢に参入。一八八三年に『ニューヨーク・ワールド』を買収、臆面もなく貫いた「一面に流血事件」の方針とセンセーショナリズム、それに数々のプレス・キャンペーンを通じて有力紙に押し上げた。一八九六年にやむなく一セントに値下げ。晩年に失明した後も、死ぬまで自社グループの指揮を執り続けた。

ハーストはカリフォルニアの富豪の息子に生まれ、最初の事業が父親から譲り受けた『(デイリー・)エグザミナー』だった。一八九五年にニューヨークに進出し、一セント紙『ニューヨーク・ジャーナル』を発刊。この傑物は強烈な野心家、やり手の実業家で、『ジャーナル』に加え多数の系列紙を展開した。その最初の快挙は一八九八年の米西戦争である。キューバに関するルポを連発し、ハバナ湾で錨泊中の戦艦メイン号に起きた爆発事故を書き立てることで、ハースト個人が引き起こしたと言っても大げさではない。過激な愛国主義者で、政治的な野心と個人的な怨恨に取り憑かれていた彼の新聞には、軽視できない影響力があった。非常なドイツびいきだったハーストは、一九一六〜一七年には凄まじい圧力をかけて米国の参戦を阻止しようとした。

派手な見出しを掲げ、グラフィックスが満載の両者の新聞は、粗野なメンタリティと乏しい教養しか持ち合わせなかった新たな多数の移民にマッチしていた。ヨーロッパのユーモア新聞や子ども向け新聞のセリフのないストーリー漫画を真似て、この時代に米国紙が始めたコミックスが成功したのも同じ理由による。初期のコミックスの登場人物のひとりがイエロー・キッド（一八九四年）、そこから一セント紙を「イエロー・プレス」と呼ぶようになった。

『ニューヨーク・タイムズ』は一九〇〇年にアドルフ・オックスが買収完了。彼は『ワールド』と『ジャーナル』の前のめり路線に反発し、それまで米国に存在しなかった種類の新聞、確実な情報を載せた硬派の有力紙へと、短期間で『タイムズ』を作り替えた。

日刊紙だけではなく、日曜誌もまた英国に比肩するような急成長を遂げた。一九一四年時点での最大手は、一五〇万部に達したフィラデルフィアの『サタデイ・イヴニング・ポスト』である。この時代の米国は、ビジュアル重視や女性向け、スポーツ専門の紙誌などが数・質ともに充実し、しばしばヨーロッパから手本にされた。

3　新聞社の系列化

国土の広い米国では、日刊紙の部数は少なかった。[1] 地方紙には確固たる地盤があったが、この時代にはすでに新聞社の系列化が進み、一九一〇年には六三の日刊紙を束ねる一三の新聞チェーンが出現していた。当時の最大手はハーストとスクリップス＝マクレー＝ハワードである。これらの系列グループとは別に、コラムやグラフィックスの配信に特化した通信社《シンジケート》も存在した。

（1）新聞の発行部数は、一九一二年の法律により一九一三年から販売部数公査機関（ＡＢＣ）が管理した。一九一三年のニューヨークの場合、『ジャーナル』夕刊紙が七〇万部、同じハースト系列の『アメリカン』が二五万部、『タイムズ』が一七万五〇〇〇部、『トリビューン』が八万部、『ワールド』が朝刊紙・夕刊紙を合わせて八五万部であった。

III 一八七〇～一九一四年の英国――大部数紙の草分け

英国ではフランスに比べて大衆紙の発展が遅く、一九一〇年の日刊紙の合計部数は推定六五〇万部、フランスより明らかに少なかった。ただ実際には日曜大衆紙が非常に読まれており、これが合計一〇〇〇万部前後に達していた。

1 一ペニーの既存紙

一ペニーに価格設定した新聞は明暗が分かれた。

保守系の『デイリー・テレグラフ』は、ジョーゼフ・レヴィから息子のエドワード(一九〇三年にバーナム卿)に代替わりし、最盛期の一八八八年に三〇万部。『デイリー・ニューズ』は、一八六八年に一ペニーに下げたが低迷、一九〇一年にチョコレート事業経営者のキャドバリーに買収された時には四万部まで減少。同じく自由主義の『デイリー・クロニクル』、社主はロイド家、同じく振るわず。『スタンダード』は、一八五八年から一ペニー、一八九〇年の二五万部を頂点に低落。一七七二年創刊の『モーニング・ポスト』

は、一八五二年にボースウィック（一八九五年にグレネスク卿）が事実上掌握、一八八一年に一ペニーに下げ、一九一四年まで順調に推移。一八六五年創刊の夕刊紙『ペルメル・ガゼット』、一八八三年から主筆W・T・ステッドのもとで内容を多様化、読者を拡大。

2 半ペニー紙

この時代の英国ジャーナリズムをまさに一新したのは半ペニー、つまりフランスなら五サンチームで売られた大衆紙である。

一八六八年に『プティ・ジュルナル』を真似て創刊された夕刊紙『エコー』は失敗。成功した半ペニー紙の先駆けも夕刊紙である。『イヴニング・ニューズ』、一八八一年創刊。T・P・オコナーの『スター』、一八八八年に創刊。

『イヴニング・ニューズ』を一八九四年に買収したのが、アルフレッド・ハームズワース（一九〇五年にノースクリフ卿）。一八八八年創刊の大衆向けゴシップ雑報紙『アンサーズ』など、いくつもの週刊紙でまず財を蓄えた。一八九六年に『デイリー・メール』を創刊、客寄せ型の「ニュー・ジャーナリズム」を実践する。さまざまなテーマを取り上げ、三面記事に紙面を割き、女性向けページを作り、レイアウトに余裕をもたせ、大見出しを掲げ、スポーツ欄を設けたり、予想懸賞を募ったり、といった手法である。この路線で大当たりした『デイリー・メール』は、一八九八年に四〇万部、一九〇一年に一〇〇万部。一九〇三年に創刊した『デイリー・ミラー』も、グラフィックスを多用して成功。一九一一年に一〇〇万部、じきに弟のハロルド（後のロザミア卿）に譲渡。「新聞界のナポレオン」の異名をとった横柄な経営者ノースクリフは、多数の新聞を買収あるいは創刊し、それらに帝国主義と澎湃たるナショナリズムを擁護する論陣を張らせた。ずっとフランスを嫌っていたが、対独開戦直前に英仏協商賛同に転じた。『デイリー・メール』の成功は、英国新聞市場を激変させた。自由主義の『デイリー・クロニクル』と『デイリー・ニューズ』は、一九〇〇年代に同じく半ペニーに値下げ、購読者数が大きく回復。『デイリー・エクスプレス』、一九〇〇年にピアスンが『モーニング・ヘラルド』を吸収して創刊、軌道に乗らず、一九一一年から接近してきたカナダ人マックス・エイトケン（後のビーヴァーブルック卿）に一九一六年に売却。同じくピアスンに買収された『スタンダード』は再生ならず。『デイリー・グラフィック』、一八九〇年創刊、後に『デイリー・スケッチ』と合併。労働運動の『デイリー・ヘラルド』、一九一一年創刊、名編集長G・ランズベリーを得る。労働党内は『デイリー・ヘラルド』の創刊に動揺、一九一二年に労働組合会議が対抗紙『デイリー・シティズン』を立ち上げるも不発。

3 『タイムズ』の曲折

『タイムズ』の権威に疑問の余地はなかったが、発行部数は落ちていた。一八七九年の七万部が一九〇八年には三万八〇〇〇部。新機軸を断固拒否する姿勢が自滅につながりかねなかった。ジョン・ウォルター二世の孫の時代に三二万ポンドでノースクリフに密かに売却、近代化された『タイムズ』は一九一四年に三ペンスから一ペニーに値下げ。過去最大の一四万五〇〇〇部へ。

4　その他の例

日刊紙『フィナンシャル・タイムズ』、一八八八年創刊。週刊紙『エコノミスト』、一八四三年創刊、ウォルター・バジョット編集長の時期に定評を確立。日曜紙『オブザーヴァー』は、一九〇五年にノースクリフが買収、ガーヴィン編集長のもとで高級紙化。

地方では、新聞の進展は緩慢だった。ロンドン紙との競争――一八九九年に『デイリー・メール』がマンチェスター版を発刊――にさらされて、地域紙はなかなか購読者を増やせなかった。特筆されるのはエディンバラで発行された『スコッツマン』とC・P・スコットの『マンチェスター・ガーディアン』、良質の情報を提供し、自由主義新聞の雄の座を保った。

Ⅳ　一八七一～一九一四年のフランス――黄金時代

1　概況

この四四年間は、フランスの新聞・雑誌の「ベル・エポック〔麗しき時代〕」であった。一八七七年五月十六日の政変[1]、ブーランジェ運動〔一八八〇年代後半〕、パナマ運河会社をめぐる疑獄事件〔一八九〇年代序盤〕、ドレフュス事件〔一八九四～一九〇六年〕と続発した危機は、空前規模の国民的関心を呼んだ。新聞・

雑誌の題号数が増え、政治的影響力が高まった何よりの証拠である。新聞・雑誌がこの国のあらゆる営みに、これほど常時関係し、これほど傾聴された時代はかつてなかった。

（1） 王党派の大統領マク＝マオンが共和派の首相と対立し、一八七七年五月十六日付の書簡によって首相を辞任に追いこんだ。政略的な下院解散総選挙を含む七七年秋〜七九年初めの一連の選挙はいずれも共和派勝利となり、大統領は辞任した〔訳注〕。

事実報道が圧倒的に重視され、ジャーナリズムが方法とスタイルの見直しを迫られていた時代にあって、フランスのジャーナリズムは英米とは大きく異なる特色を保ち続けた。内政にかなりの紙面を費やして、滔々と自説を述べ、現代からすると驚くばかりの激しい論争を展開した。

五サンチームの一部売りが広がり、日刊紙は一八七〇〜一九一四年の間にパリで合計一〇〇万部から五五〇万部へ、地方では合計三五万部から四〇〇万部へと急増した。日刊紙の市場は英国・ドイツ・米国と違って、一九一四年にほぼ飽和に達している。一九一八年から現在までの伸び率は、人口増加を考えれば、ほとんどゼロといってよい。農村部で拡大した反面、大都市ではやや縮小している。第一次世界大戦前夜には、パリの四大紙の合計部数は英国をもしのぐ規模になっていた。

とはいえ諸外国に比べて見劣りする点もある。ページ数は少なかったし、国外ネットワークは整っていなかった。フランスの新聞社は広告収入の少なさが弱みであり、裏金体質を宿痾のごとく抱えていた。

この「あさましい裏金体質」は、一九〇四〜〇八年のロシア国債発行の際に頂点に達した。あらゆる新聞が巨額のカネを受け取って国債の広告を掲載し、帝政ロシアの政治や経済の欠点には口をつぐんだ。

一八八〇年から一九一四年の間、新聞はフランスの投資先諸国の実態も含め、経済報道については自主検閲を行なっていたようだ。さまざまな形で新聞に流れた裏金のなかで、政府の有名な秘密資金はさほど大きな役割を演じたとはいえない。

こうしたことが、当時のヨーロッパで珍しくなかったのも事実である。「英国紙の大半はウエスト・エンドの伊達女、身持ちよりもシルエットを気にする女たちに似ている」という卓抜なジョークをバーナム卿が発している。

フランスで発行される新聞の題号数は確かに増えたが、以下に述べるように、読者のほとんどいない新聞も多かったことは念頭に置かねばならない。

幽霊新聞、ゆすり目的で策士が発行。政略新聞、パトロンは大臣志望者、持論を議会有力者サークルにアピールするには数百部で足りた。選挙新聞、公示期間中だけ存続。短命新聞、乏しい出資金をすぐに使い果たして消滅。これらによって統計を歪められた当時の新聞は、実際には極度の集中状態にあった。一九一四年の発行部数に四大紙が占める割合は、パリの日刊紙のほぼ七五パーセント、全国各地の日刊紙の四〇パーセント以上にのぼっていたのである。

2 出版の自由へ

〔第三共和政最初期には〕一八七一年から七九年までの道徳秩序派政府(1)のもとで、かなり厳しい出版規制が継続した。

（1）狭義では王党派のド・ブロイ公を首班とする一八七三〜七四年の内閣を指すが、ここではマク＝マオンが新憲法による議会の勢力確定後の七七年初めに退陣するまでの最初期の内閣を広く指しているため「政府」とした〔訳注〕。

一八七七年五月十六日政変の際、ド・ブロイ内閣は選挙に勝つために手段をいとわず、反対派有権者と対立候補に圧力をかけた。共和派の新聞は、裁量含みの措置に狙い撃ちにされ、数週間で二〇〇〇件を超える裁判に苦しめられた。しかし政府の試みは功を奏さなかった。この時、フランスでは政治権力にもはや、平時に新聞を規制する手段がないことが決定的に明らかとなる。

共和派にとっては絶好の好機だった。少なくとも一七九二年から延々と続いてきた政府と新聞の闘争に、ついにケリをつける時期が到来したのだ。そのための政治的リスクがない形勢を共和派は見て取っていた。王党派勢力の側が、新聞は共和政に対する脅威を助長すると主張するのは無理があった。他方で議会少数派となった保守派は、将来の対抗手段を確保できるのを歓迎していた。

この時期の新聞は相互の競争によって弱体化していた。彼らが何かアクションを起こしたとしても、それは政体機構そのものを揺るがす重大な危機を招くほど世論を導く求心力をもたなかった。一七八九年以降のフランス史は革命とクーデタの繰り返しだったが、表現と出版の自由を認めれば、革命やクーデタを根絶できると考えられた。つまり政治家たちの目算としては、国家による裁定を続けて異論を引き起こすかわりに、新聞とうまく折り合いをつけられるようにする措置である。

一八七八年から作業が開始された一八八一年七月二十九日付の法律は、委員会で入念に準備されてから本会議に送られた。この法律の成立後、フランスの出版規制は世界で最も自由なものとなった。

これまで四二の法文書にまたがっていた約三〇〇の条文が、一本の法律に統合された。印刷、出版、呼び売り、掲示行為に関する一大法典である。若干の行政手続き〔届け出、納本など〕に従うかぎり、発行と流通の自由が保障された。官憲が新聞に職権を行使する余地はほぼなかった。審議で主に問題となったのは出版法違反罪にかかわる規定である。最終的に大部分は〔陪審制の〕重罪裁判所の管轄になり、私人に対する誹謗など若干の違反罪だけが引き続き刑事裁判所の管轄とされた。政治犯罪はごく限られたもの〔犯罪および軍規違反の直接教唆、共和国大統領への侮辱、国家機関または外国元首に対する誹謗〕に限定され、共和政に対する攻撃や、遵法拒否の呼びかけは除外された。

一八八一年の法律は、新聞に対する官憲の統制や圧力の手段を消滅させたが、その一方で発行主体が企業であるとの視野を欠いていた。違反罪の主犯とされたのは、新聞社が自由に任命する〔ほとんどの場合は実権をもたない〕代表人である。問題の記事を書いた者も、共犯として起訴される可能性があった。社主が事業主として問われるのは、〔付帯私訴で認定された損害賠償に関する〕民事上の責任だけだった。

一八八九年には、行政当局が予防措置として〔文書などを〕押収することも、〔司法裁判所と行政裁判所の管轄争議を裁定する〕権限裁判所から禁じられた。

一八八一年法の自由主義は、さらに実際の運用によって際立った。起訴にいたる例はごく稀で、有罪判決を受けることはまずなかった。新聞の漫言放語も自由の名において容認された。政治権力の側が新聞の規制を断念して作った法律のもと、新聞の側は政治権力に対して最大限の自由を保障される。だが、この法律には別の意味で新聞にとって危険な、カネの権力からの保護という視点が欠落していた。一八八一年法の自由は、新聞の独立性の保障ではなかった。

この法律が問題視されたことが一度だけある。アナーキストによる事件が続発した政治危機の時期に、名だたる「極悪諸法」が成立した。一八九三年十二月の法律により、犯罪教唆報道の範囲が拡大され、一八九四年七月の法律により、「アナーキストの宣伝工作を目的とする」記事にかかわる事件は刑事裁判所への付託が規定された。これらの諸法は政治危機が過ぎ去った後に失効した。

3　パリの諸紙

ベル・エポック〔一九〇〇年前後〕のパリで発行されていた日刊紙は五〇〜七〇紙。一九一〇年に存在した六〇紙中、三九紙が五〇〇〇部に満たず、うち二五紙は五〇〇部にも届かなかった。

(A) 大部数紙の成功

四大紙の部数は一九一四年に合計四〇〇万部以上。相互の熾烈な競争のなかで、そのどれかを選ぶ読者の数が底上げされる傾向にあった。

『プティ・ジュルナル』は着実に伸長、一八九〇年に一〇〇万部、一八九八年以降は漸減。編集長エルネスト・ジュデの徹底した反ドレフュス派の方針は、大衆紙にはなじまなかった。

直接のライバルが『プティ・パリジャン』、一八七六年に急進主義の新聞として創刊、滑り出しは低調。

一八八八年以降の社主ジャン・デュピュイは、貧しい生まれから書士雑用員を経て財をなした実業家で、優れた経営の才を発揮した。一八九〇年に六九万部、一九一四年に「世界中の新聞で最大」の一五〇万部。日刊紙以外の定期刊行物も多数。

『マタン（朝）』は一八八四年創刊、米国式のニュース・ジャーナリズムのスタイルをフランスに持ちこんだ。一八九六年から一九四四年までモーリス・ビュノ＝ヴァリヤが発行、この尊大な経営者のもとで一八九九年の九万部から一九一四年の九〇万部に成長。

『ジュルナル』は一八九二年創刊、路線はライバルの『マタン』よりも文芸的。ウジェーヌ・ルテリエ、次いで息子のアンリが経営者となり、一九一四年に一〇〇万部超。

（B）左翼の紙誌

社会主義の諸紙はコミューン後に一掃され、再起は難航。分派によって読者が減ったからである。

『人民の叫び』は、ヴァレスとセヴリーヌが一八八三年から〔共同で、八五年の前者の死後は後者が単独で〕八八年まで率い、社会主義思想のさまざまな潮流の機関紙化。

『プティット・レピュブリーク』、一八九三年から一九〇三年まで同様の役割を果たす。『リュマニテ』、一九〇四年四月にジョレスが創刊、これが一九〇五年の大同団結による結党の際に主要機関紙となる。時として無味乾燥な理論紙であり、選挙でのＳＦＩＯ（労働者インターナショナル・フランス支部）の躍進から期待されるほど労働者層に読まれることはなかった。

急進主義では、ガンベッタの機関紙『レピュブリーク・フランセーズ』。一八七一年から八〇年まで、急進主義の諸紙のなかでおそらく最も読まれた。〔一八八二年の〕彼の死後は穏健共和派の手に渡り、一八七六年創刊の姉妹紙『プティット・レピュブリーク・フランセーズ』のほうは社会主義者が掌握。『喚起』は一八八〇年まで好調。『灯火』、一八七七年創刊、一八八〇年に『喚起』を抜く。ロシュフォールの『非妥協派』は、一八八〇年七月から一八八六年まで社会主義を支持、ブーランジェ運動の時期にナショナリズムに転向。『行動』、一九〇三年創刊、急進社会党の〔当時の首相〕コンブ派の機関紙。そして有力な新聞人でもあったクレマンソーの諸紙。彼の激動の政治家人生は以下の新聞創刊と密接に関連している。一八八〇年、『正義』。一八九七年、『オロール〔黎明〕』、かのゾラの「われ弾劾す」を一八九八年一月十三日に掲載。一九一三年、『自由人』。

(C) 中道の諸紙

中道系の多数の穏健派新聞のうち、群を抜いていたのは『デバ』と『タン』である。歴史ある『デバ』は、一八九三年に新たな資金の注入で息を吹き返し、次いで編集主幹E・ド・ナレーシュのもとで、もったいぶった紙面を堅持、一九一四年に二万五〇〇〇部。『タン』は一八七二年以降、快活で不可思議な人物アドリヤン・エブラールが経営。うんざりするほど硬派で、記事は無署名、情報が統制された新聞となる。部数はさほどでもなかったが〔三万五〇〇〇～四万五〇〇〇部〕、この時代のフランスの最有力紙。国外に多くの読者をもち、外務省を情報源とする外交時評も多かった。

『フィガロ』はヴィルメサンの死後、王党派から穏健共和派に変化。さらにはドレフュス派に肩入れし、この失策によって一気に読者を失うが、ガストン・カルメットを編集主幹として伝統的な保守路線に回帰、かつての影響力が復活。一九一四年三月にカルメットがカィヨー夫人(1)に殺害される事件が起き、大変な波紋を呼んだ。

（1）『フィガロ』に激しく攻撃された蔵相の妻〔訳注〕。

（D）右翼の諸紙

ナショナリズムと反議会主義を掲げた新聞は多数にのぼる。ブーランジェ運動後の『非妥協派』、一九〇八年に〔主筆の〕レオン・ベルビが社主に。既存紙『自由』『祖国』『プレス』はいずれも金融資本グループの傘下へ。『エクレール』、一八八八年創刊。『プティ・ジュルナル』を追われたエルネスト・ジュデが一九〇五年に編集主幹に就いたが、彼は教皇庁の意向で動いていると噂された。『エコー・ド・パリ』、一九〇〇年以降の右翼の最有力機関紙。一八七九年から一九一四年まで続いた〔文芸紙〕『ジル・ブラース』を手本に、気楽に読める新聞として一八八四年に創刊。アンリ・シモンが発行していた時期に「愛国者同盟」の公式機関紙化。軍人に広く読まれ、一九一四年に一二万部超。

『リーブル・パロール（自由な発言）』、一八九二年に一部のカトリック関係者の支援を受けてエドゥアール・ドリュモンが創刊、反ユダヤ主義の機関紙。『権威』、一八八六年にポール・ド・カサニャックが創刊、ボナパルト派だが、それ以上に激烈な反共和主義で異彩を放つ。

（E）宗教界の諸紙

『万有』は、一八八三年のヴィイヨの死後、〔第三共和政への同調をめぐって〕内紛が起こりつつも、聖職者の主要機関紙のひとつとして存続。『社会・宗教防衛』、司教となったデュパンルーが一八七六年に創刊、存続せず。『世界』も消滅。『真理』、一八九三年に「同調」を認めない勢力が創刊、存続せず。一八九二年以後、[1]キリスト教民主派諸紙の創刊も相次いだが、教皇ピウス十世の時代〔一九〇三〜一四年〕にヴァチカンの方針が厳格化されて廃刊に。マルク・サンニエの『シヨン〈畝〉』も一九一〇年に断罪された。

（1）一八九一年に回勅『レールム・ノヴァールム』を発した教皇レオ十三世が、一八九二年にフランスのカトリック関係者に向け共和政への同調を呼びかける回勅を発した〔訳注〕。

宗教新聞界を刷新したのが、聖母被昇天アウグスチノ修道士たちが創設し、多数の逐次刊行物を発刊したボンヌ・プレス出版会である。『巡礼者《ペルラン》』、一八七三年創刊。『ラ・クロワ（十字架）』、一八八三年に日刊化、闘争的な機関紙で、一八九六年以降は一七万部規模を維持。一八九九年に修道士らが追放された後、ポール・フロン＝ヴローのもとでしばし舌鋒をやわらげるも、一九一四年には『アクシオン・フランセーズ』とほぼ同様の論調に。

（F）王党派の紙誌

ボナパルト派の新聞は、〔三世の皇太子が没した〕一八七九年まで盛況だったが、〔三世の従弟を担いだ〕ジェローム派と〔その息子を担いだ〕ヴィクトール派に分かれて急速に衰退。『結集』をはじめとする正統王朝派の諸紙は、一八八三年のシャンボール伯の死去であらかた壊滅。『太陽』と『ガゼット・ド・フランス』が、大戦期までかろうじて存続。貴族勢力の機関紙となったのが『ゴロワ（ガリア人）』。多少の奇行を補ってありあまるほど才筆を誇った大物ジャーナリスト、アルトゥール・メイエルが発行者となった。王党派ジャーナリズムを一新したのが『アクシオン・フランセーズ』である。シャルル・モーラスが教導、主筆は恐るべき論客のレオン・ドーデ。一八九九年の創刊当初は単なる雑誌で、一九〇八年に日刊紙に転換。部数は一度も大きくならなかったが、激越な論陣を張り、大規模な運動組織に支えられ、主要紙のひとつに。

（G）諸々の専門紙

一八九二年に『ヴェロ（自転車）』、一九〇〇年に『ロト（自動車）』が創刊、フランスは以後長らく日刊スポーツ紙の分野では断トツの首位を走った。一九〇七年には文芸と演劇の専門日刊紙『コメディア』が出現。日刊ビジュアル紙の雄となった『エクセルシオール』は、一九一〇年にピエール・ラフィットが創刊。米国とドイツに先行事例のある紙面作りのフランス版を試みたものの、大衆に受け容れられず、その優れた質に見合うほどには売れなかった。

4　地方紙

全国的に流通するパリの四大紙に妨げられながらも、地域紙が着実に発展した。一八七八年から地元の編集部をパリ事務所と結ぶ特別回線の使用が始まり、主要紙は以前より独自の編集ができるようになった。大都市の周辺にローカル線の鉄道網が整備され、さらに自動車革命が起きた結果、近隣諸県の農村部への配送手段も強化される。一九一四年の時点でもまだ、週に一～三回のペースで発行される無数の新聞が林立していたが、より広く郡全体をカバーする日刊紙も一八七四年に一七九、一九一四年には二五〇の題号を数えるようになった。合わせて半ダースほどが出回る大都市も稀ではなかった。この時代にはその一方で、主要地域紙が軌道に乗り、地方紙の中核となっていく。パリで事実報道型の大手紙がオピニオン紙を圧倒したのと、どこか似ていなくもない。約二〇紙が一九一四年の時点で一〇万部超え。政治的影響力の大きなものも多く、政治的には穏健派であった。それまで競合していたカトリック右翼紙や社会主義左翼紙との論争がなくなったのも、地域紙の基盤が安定した証左である。

V　一八七一～一九一四年のドイツ——ヴィルヘルム期

1　概況

〔ドイツ帝国ヴィルヘルム一世治下の〕一八七四年の出版法の施行により、帝国全土で出版規制が統一された。検閲の廃止が確定し、陪審制裁判が定められた違反罪もひとつならずあった。だがドイツの官憲は実際には相変わらず、他の欧米諸国をしのぐ厳しい制約を新聞に課した。ビスマルクはとりわけ、文化闘争

〔一八七〇年代〕の最中はカトリックの諸紙を、〔社会主義者鎮圧法が成立した〕一八七八年以降は社会主義の諸紙を抑えこんだ。「爬虫類〔的新聞対策〕基金」と呼ばれる機密費を活用して、新聞記者を買収する策も用いた。

この時代のドイツ紙の伸長は、相対的にはフランスや英国と変わりなかったが、同時代の両国に見られたような有力全国紙の出現は起こらなかった。各地域で中心都市の新聞が好調だったし、小都市には無数のハイマットブラット〔郷土紙〕があり、ドイツの新聞市場は細分化されたままだった。大戦前の数年間に大規模な系列グループが形成され、大戦期に巨大化した一因である。日刊紙の題号数は一八六六年に三〇〇、一九一四年に三二〇〇。

商業広告と三行広告から潤沢な収入を得ていたドイツ紙は、増ページや別刷りに力を入れた。大都市の日刊紙では、日に二回や三回の発行がざらだった。売れ残って損をする心配はほとんどなかった。宅配が主流であったからだ。一部売りが初めて『ベルリン昼刊新聞』によって開始されるのは一九〇四年のことだった。

2　主要な伝統的政論新聞

ベルリンでは、各々の政治勢力が主要紙を一紙以上は擁していた。それらのベルリン紙は各地の強力な地域紙ともども、政党の「意見番」の役割を果たしていた。

最有力紙は以下のとおりである。ビスマルクの御用新聞が『北ドイツ一般新聞』。一八四八年に創刊された民主派新聞を前身として一八六一年にアウグスト・ブラスが日刊紙として発刊、一八七二年にオーレンドルフが買収。超保守的な一部の産業家の機関紙が『ポスト』。一八六六年にシュトロウスベルクが創刊。プロイセン保守派の『十字新聞』は、大地主擁護の『ドイツ日日新聞《ターゲス》』に押されて一八九六年から低落。穏健自由主義で広く読まれたのが、歴史ある『フォス新聞』。国民自由主義の機関紙『国民新聞』は、『予備選挙権者新聞』を前身とするライバル紙『〔ベルリン〕人民新聞《フォルクス》』の存在により読者縮小。カトリック中道派が『ゲルマーニア』。一八七一年に創刊、大いにビスマルクの不興を買った。〔カトリックの〕中央党系の新聞は、地方にもミュンヘンの『〔バイエルンの〕祖国』とケルンの『ケルン人民新聞』があった。

ベルリンの新聞界に彩りを与えたのが、生きのいい二つの新興紙である。自由主義の『ベルリン日報《ターゲブラット》』、一八七一年に広告事業者ルードルフ・モッセが創刊。A・レヴィゾーンやテーオドール・ヴォルフが健筆を振るった。プロテスタント自由主義の『日日展望《テークリヒェ・ルントシャウ》』、一八八一年にベルンハルト・ブリグルが創刊。さらに、ライプツィヒで創刊され、ビスマルクの弾圧により休刊していた社会民主党の機関紙『前進《フォルヴェルツ》』も、〔彼が失脚して社会主義者鎮圧法が廃止された翌年の〕一八九一年にベルリンに拠点を移し、名編集長ヴィルヘルム・リープクネヒトのもとで発行再開。地方ではミュンヘンに同じく社会民主党の『ミュンヘン・ポスト』。ケルンには国民自由主義の『ケルン新聞』。フランクフルトで一八六六年にレーオポルト・ゾンネマンが創刊した『フランクフルト新聞』は、この時代のドイツ最有力紙のひとつ。〔アウグスブルク次いでミュンヘンの〕『一般新聞』はヨーロッパ規模の定評を保った。

〔普仏戦争以後ドイツ領のエルザス・ロートリンゲンこと〕アルザス・ロレーヌ地域では、ドイツ領ポーランドと同様に新聞事業は難航した。苛酷な規制が続いた後、一八九八年にようやくドイツと同じ法律が適用された。しかし一九一三年に新聞の法的地位が急に変更され、それまで命脈を保ってきた仏語紙は恫喝や起訴処分の憂き目に遭い、〔フランスが参戦した〕一九一四年八月に廃刊に処せられる。シュトラスブルクの『アルザス・ロレーヌ日報』、コルマールでアベ・ヴェテルレが発行していた『アルザス・ロレーヌ新報』、メッツ〔現メス〕の『メス通信』など。

3　新興の大衆向け紙誌

この時代には、総合広告紙《ゲネラールアンツァイガー》の新規創刊が続いた。広告が大きな比重を占め、大衆向けの文体を用い、政治はあまり論ぜず、値段は非常に安かった。フランスの五サンチーム紙に相当する廉価紙である。

一八七一年にアーヘンでラ・リュレが発刊した新聞がその草分けである。一八八三年には週刊『ベルリン地域《ロカール》広告紙』。出版事業者アウグスト・シェルルが創刊し、一八八五年に日刊化、同紙を中核とした一大系列グループを形成する。最も成功した総合広告紙はレーオポルト・ウルシュタインの発行した諸紙である。印刷事業と紙卸売業から新聞事業にも乗り出して、一八九四年に週刊『ベルリン画報』を買収したほか、大衆紙『ベルリン新聞』『ベルリン夕刊ポスト』も手がけた。大衆紙路線がうまくいったため、一八九八年に『ベルリン朝刊ポスト』を創刊、一九一三年には四〇万部に。ウルシュタイン・グループは事業を地方紙や、日刊紙以外の定期刊行物にも拡大。一九〇四年には発行時刻が正午少し前の『ベルリン昼刊新聞』を発刊。一面に写真と見出しを掲げ、街頭で一部売りする「ブールヴァール紙」の草分けとなった。

この時期に大きく伸長した定期刊行物には、全国的に流通したものも多い。部数の大小にかかわらず著名なものを挙げておく。M・ハルデンが創刊し、政府を強く批判した政治週刊誌『未来《ツークンフト》』。家庭雑誌『あずまや《ガルテンラウベ》』。諷刺を特色としたのが、ベルリンの『クラデラダッチュ』や、ミュンヘンの『ジンプリツィシムス』。高級ビジュアル紙として『ベルリン画報』や、ライプツィヒの『画報』、〔ベルリンの〕『週報《ヴォッヒェ》』。

第六章　一九一四～一八年——第一次世界大戦

一九一四～一八年の戦争は、新聞・雑誌の歴史に甚大な影響を与えた。単に事業が困難になり、少なくともフランスとドイツで、ここまでの発展の流れに急に暗雲が立ちこめたというだけではない。戦争は、自由主義思想に満ちた世界が忘れていたものをあらわにした。それは、後に全体主義体制が恐るべき利用に供したプロパガンダの威力である。

I　物理的問題と企業集中

米国と英国では、この途方もない出来事への関心から部数が伸びた以外、戦争は新聞にさほどの影響を及ぼさなかった。それに対して大陸ヨーロッパでは、新聞事業は多大な困難に直面した。

広告収入はほぼ皆無となる。従業員を動員されて、印刷工場と編集部から人影が消えた。用紙も入手しにくかったから、ボリュームは四ページ、ひいては二ページに減った。フランスでは各種の軍事輸送で鉄道に余裕がなく、配送の問題も深刻化する。ページ数を抑えて経費を削減しても、用紙その他の高騰に追いつかない。値上げに踏み切らざるをえず、売れ行きは一時的に落ちた。（一九一七年九月にフランスの日刊紙は一〇サンチームに値上げ。）

そうした困難に耐えきれずに、多くの新聞が消滅した。一九一四年八月から数か月の間にパリの日刊紙三〇紙あまりが停刊した。戦争はさらに企業集中も促した。フランスでは五大紙（『プティ・パリジャン』『プティ・ジュルナル』『マタン』『ジュルナル』『エコー・ド・パリ』）が通信社アヴァス、取次店アシェットとの提携のもとに、広告と販売を共同管理化する協定を交わした。これを出発点とするコンソーシアムが、終戦後に市場の独占を試みることになる。ドイツと英国でも、戦時中に系列化の動きが加速した。

II　戦況報道と検閲

すぐさま敷かれた検閲体制は、どの国でも難なく受け容れられた。英国では〔陸軍省〕新聞局《プレス・ビューロー》が、当初は一種あうんの呼吸で進め、詳細は追って明らかにするといった運用で臨んだ。ドイツでは司令部直属の戦時新聞情報局《クリークスプレッセアムト》が検閲にあたった。

フランスでは戒厳令に基づいて陸軍省所管の新聞局《ビューロー・ド・プレス》が設けられた。

新聞社は検閲機関に最終ゲラ、つまり紙面の校正刷りを持っていく。検察官は全般的な訓令や日ごとの指示に則って、かくかくしかじかの文章は禁止である旨を指摘する。その部分は刷版から物理的に削り取られ、紙面で白抜きとなる。検察官の命令に従わなかった場合には新聞は押収、場合によっては起訴、廃刊の処分を受ける。

戦争の長期化につれ、検閲は強化、対象分野も拡大され、政治的手段としても用いられていく。新聞社との軋轢も多発しており、英国では〔初期に〕ノースクリフやビーヴァーブルックと一悶着あったことが知られている。フランスでは一九一四～一五年にクレマンソーが廃刊処分に見舞われた。ドイツでもフランスほどではなかったにせよ、文民政権と参謀本部が検閲をめぐって摩擦をきたす場合もあった。

戦時中に世論がひたすら追ったのは主に軍事作戦に関する報道だったが、それは軍に常時統制されていた。事あるごとに喜んで戦争特派員を迎え入れた米軍は別として、諸国の記者は真の戦況を伝えるのに非常に苦労した。大本営から伝達される「真正」な情報とストーリーを逸脱することはまず許されなかった。しかも、どの国でも参謀将校にとって新聞記者はなんの重みももたなかった。フランスの記者の前線派遣が新聞社の圧力により許可されたのは、一九一七年終盤のことにすぎない。

「詰めこみ洗脳」——交戦国の新聞はどちらの側も、センセーショナルに書き立てて、戦争の凄惨な現実を楽観的に塗り替えることで国民の士気を保とうとした。「ガセネタ」の数は枚挙にいとまがない。最初は場当たり的だった新聞プロパガンダは次第に綿密に組織化され、最終的に多大な効果を上げた。それは他方では、銃後の世論と前線の戦闘員との溝を深めた。戦闘員は新聞に軽蔑の念を覚えた。自分たちの関心とかけ離れた紙面に終始し、自分たちがやっている戦争の実情を伝えなかったからだ。新聞は今まで積み上げた信頼を戦時中に一気に失い、平和が戻ってきた後も信頼回復に苦労するはめになる。新聞の論調に変化が起きるのは、一九一六年の終盤に入ってからのことだった。おのれの責務はやたらに熱狂してみせたり、根拠に乏しい楽観論を書き立てたりすることではない、と悟ったのである。

戦時中の新聞は、中立諸国への説得工作にも直接関与した。フランスの主張を対外的に擁護する拠点機関が「報道官邸《メゾン・ド・ラ・プレス》」と命名されたほどである。当然のなりゆきとして通信社も強く協力を要請されたが、検閲体制はアヴァスに大きな不利益を引き起こした。中立諸国はアヴァスの外信にさしたる意義を見出さなくなっていた。

各国それぞれの検閲の実態は比較しにくい。米国では、始まった時期が遅く、ほとんどないに等しかった。英国ではフランスやドイツに比べ、それほど厳格でなかったし、唯々諾々と承服されたわけでもない。ドイツの場合は、軍当局が新聞記者側の意見を受けつけなかったことが、検閲の実効性にマイナスの影響を及ぼした。フランスでは、検閲機関は大いに不評を買った。誤りも頻繁に犯したし、厳しい締めつけが微に入り細にわたったからだ。しかし検閲の効果はかなりのものだった。銃後の一般市民は、凄惨さを脱色された戦争を耐えがたいとは感じなくなり、不確かな現況にあって希望を保ち続けていた。

Ⅲ　戦時期のフランスの諸紙

四大紙では『プティ・パリジャン』『マタン』は伸長、それぞれ一九一七年に二〇〇万部超、一五〇万部。『プティ・ジュルナル』は低落が続く。『ジュルナル』は一九一七年、ドイツ資金による怪しげな買収事件、ルノワール事件とボロ・パシャ事件[1]の舞台となる。その結果、政治主幹シャルル・アンベールの熱烈な呼びかけも空しく、多くの読者に見放された。

（1）ピエール・ルノワールは、最初に買収に動いた広告事業者の息子。複数のフランス紙の買収を企てたポール・ボロは、エジプト副王から「パシャ」の称号を得た実業家。同紙の買収は、アンベールとルノワールが共同で行ない、次いでボロから資金提供を受けたアンベールがルノワールから持ち分を買い取るという経緯をたどったが、その際のルノワール、ボロ両名の資金の出所に疑惑が生じて刑事事件となり、資金源はドイツであったとの認定によって両名は死刑に処された〔訳注〕。

『エコー・ド・パリ』は、〔国会議員の〕バレスが寄稿を重ね、参謀本部の機関紙のような様相を呈した。四〇万部に拡大。

他の右翼諸紙のうち、『ラ・クロワ』『フィガロ』は精彩を欠いたまま終戦を迎える。『ゴロワ』は読者激減。『エクレール』は、教皇ベネディクトゥス十五世の政策[1]の擁護に回り、一九一七年に経営難に。『非妥協派』は五〇万部に達し、フランス最大の夕刊紙となる。毎日午後三時に行なわれた公式発表の掲載が売りであった。

（1）ドイツに寛大すぎるとフランスで反発を呼んだ講和外交を指すものと思われる〔訳注〕。

『アクシオン・フランセーズ』は神聖連合〔第一次大戦時の挙国一致態勢〕に同調し、「売国奴」や非好戦勢力を激しく攻撃した。レオン・ドーデが張った論陣に応じて、部数は浮沈を繰り返した。

中道諸紙では、『タン』『デバ』は大過なく終戦を迎える。クレマンソーの『自由人』は、検閲で処分を食らって一九一四年十月に『鎖につながれた人』に変わり、一九一七年終盤に彼の首相就任とともに「自由」に戻った。

左翼ではまず、〔戦争を止めようと奔走した〕領袖ジョレスを〔開戦前夜にナショナリスト青年による〕暗殺で失った社会主義の新聞。始まった戦争を当初は受け容れた後、すぐに議論が巻き起こる。神聖連合政策の支持を続けた『リュマニテ』の部数は低落、〔ドイツ休戦協定以前の〕一九一八年十月に「講和派」が同紙の実権を握った時には二万部に減っていた。諸紙の亀裂は深まっていた。〔神聖連合内閣への〕参画政策を続けるべきだと主張する側と、講和を主張し、ボリシェヴィキ革命を支持する側との対立である。一九二〇年の分裂〔SFIOから多数派が離脱して共産党を結成〕の予兆であった。

講和派の『赤ボンネット帽』。一九一七年夏に訴追の対象となり、主筆アルメレーダは投獄後に自死、〔発行者〕デュヴァルは死刑に処された。

『ウーヴル』、一九一五年に日刊紙に転換。編集主幹ギュスターヴ・テリのもと、糾弾調の見出しを掲げ、プロパガンダに批判的な姿勢で急速に伸長。『カナール・アンシェネ』、一九一六年に創刊、滑り出しは低調。

戦時の折、グラフ時事紙や軽快な雑誌も好調。前者に『イリュストラシオン』のほか『ミロワール（鏡）』『私は見た』、後者に『ヴィ・パリジエンヌ（パリ暮らし）』『リール（笑）』『銃剣《バイヨネット》』など。

家庭からは、動員のため数百万人がいなくなっていた。しかも一九一四年八月に多数の題号が廃刊処分になっていた。それでも日刊紙はよく読まれた。重要ニュースのみならず、配給情報をはじめ必須の行政情報が掲載されていたからだ。

これまでなかった種類の新聞も登場した。前線のそばで兵士自身が手作業で編集・配布する塹壕新聞である。戦地に入ってくる内地の新聞は選別され、その内容は文民当局と軍当局から厳しい統制を受けていた。

第七章　一九一九〜三九年——大手紙の時代

Ⅰ　概況

1　内容と機能の変化

大戦後の時期には、発行される新聞・雑誌がきわめて多種多様になった。この時期の変化は複雑であり、特徴を概括するのは容易ではない。

総合的あるいは専門的なフォトジャーナル誌の成功。これは日刊紙と直接競合し、二つの報道市場の併存が始まった。

一九三〇年代にラジオのリスナーが急増、活字の紙誌にとっては問題であり、それは第二次世界大戦の際にさらに深刻になる。(1)

（1）各国の新聞社主団体は「音声ニュース」の発展を禁止または、せめて減速させようと試みた。米国初のニュース放送は一九二〇年のピッツバーグ。ラジオ局には明確な規制がなかったため、ニュース番組が続々と出現した。しかし一九三八年までは新聞社からの圧力が強く、ラジオのニュースはさほど強敵とはならなかった。英国初のニュース放送は一九二二年だが、新聞側は放送時刻を夜七時以降にさせることに成功した。フランス初のニュース放送は一九二五年、アナウンサーはプリヴァが務めた。リスナーが増えるにつれて新聞社とラジオ局の関係は険しくなる。両者の協議は難航し、結論が出てもまた異論が起きる状況だった。新聞側の主な目標は、ラジオがスポーツその他の報告番組を減らし、放送時刻も遅らせること、ニュース番組の数と時間を減らすこと、日刊紙の発売が集中する時間帯の後ろに放送時刻をずらすことだった。以上のような各国の新聞社の工作は、限られた一時的な効果しか上げなかった。新聞社はその一方で、ラジオの開局への直接関与にも動いた。それが特に顕著だったのは米国とフランスである（『プティ・パリジャン』はポスト・パリジャン、『非妥協派』はラジオ・シテ、『ジュルナル』はラジオ・イル・ド・フランス〔のニュース番組〕を掌握し、『パリ・ソワール』はラジオ37を狙った）。ラジオ放送がBBCの独占とされた英国では、新聞社がラジオ局の経営にかかわることはできなかった。各国で、ラジオ番組情報誌がよく売れるようになった（BBCの『ラジオ・タイムズ』は一九三七年に三〇〇万部）。受信機の数は、一九三九年の時点で英国九八〇万台、米国三一〇〇万台、ドイツ一〇二〇万台、フランス五二〇万台に達していた。

すでに二十世紀初めに始まっていた大手紙の変化が加速。競争環境のなかで要求レベルの上がった顧客の獲得と維持が目的である。ページの増量、報道の領域拡大、内容の多様化で、ありとあらゆる興味に応えようとした。新聞はもはや通読するものではなく、拾い読みできる記事の集合となった。多彩な記事を取りそろえておけば、最大限の読者のツボを押さえ、女性を含めた家族全員の興味を惹けるとの発想である。ビジュアルの目立つ見栄えのよい紙面、そして内容の多様化が変化の肝である。身近な事件（三面記事、スポーツ、地元の暮らし）、「雑誌」的なページ（映画などイベント情報、パズルやクイズ、お役立ち記事、女性の暮らし）、ストーリー仕立ての長文ルポが増え、主要動向にかかわるニュースの欄はそれだけ減少した。

その結果のひとつが、大部数紙の政治性の稀薄化である。読者の関心が他の欄に向かった分、政治関連のニュースや記事は減った。固定読者が消滅したわけではないが、「愛読紙」の捉え方は変わった。一九一四〜一八年の間に、ドイツやフランスなど多くの国で、プロパガンダに荷担した新聞の権威は地に落ちていた。新聞は相変わらず読まれてはいたものの、愛読する動機は同じではない。その新聞の政治思想への相対的な賛同からではなく、政治意識や市民意識とは無関係に、単に自分の興味や嗜好、習慣に合っているから読むにすぎない。大手紙による政治記事の提供は、ますます「市場の頭越し」になされるものと化した。「続きを読みたい」読者を固定化させる役割、つまり往時の連載小説に似た役割は、コミックスが果たすようになった。

新聞は依然として強大ではあったが、もはや権力と呼ぶべき存在ではなかった。人々の生活様式や思考様式に影響を及ぼす力は保っていたが、世論を形成・主導する力は残っていなかった。

2　各国の差違の拡大、自由原則の動揺

多様な新聞・雑誌が発刊され、それらが読者の嗜好と興味への適応を進めるにつれ、各国の差違は広がった。そこにさらに、欧米各国の政情の違いが拍車をかけた。権威主義体制が現われる一方で、民主政諸国でも古典的自由主義のルールに対して異論が持ち上がった。出版の自由の原則は動揺した。諸国に登場した極左・極右の全体主義政党が民主政の原則自体の否定を信条とする以上、そのプロパガンダが自由に拡散されている危うい状況は、まったく過去に前例のない問題を提起していた。

とりわけフランスでは、一八八一年法の不備がしばしば次のように批判された。現行法のままでは、新聞による誹謗・侮辱からの私人・公人の保護が不充分である。経済的勢力による報道機関の掌握に対する歯止めもない。

『グランゴワール』と『アクシオン・フランセーズ』の主導する誹謗キャンペーンの最中、一九三六年十一月十七日に事件は起きた。その標的となっていた人民戦線内閣の内務大臣サラングロが自死したのである。これを受けてブルム内閣は、出版法違反罪に関し、取り締まりの強化と非陪審裁判の対象拡大を盛りこんだ政府法案を提出する。この法案には、独特の法的地位を新聞社に付与する発想も含まれていた。代表人に責任を負わせるのではなく、社長を法的な発行者とするなどの規定である。元老院〔=上院〕は一九三七年に法案をしりぞけた。

3　経済的困難と企業集中

大部数紙との競争にさらされた小部数紙は、事実上の消滅・駆逐の憂き目を見た。そのような企業集中の動きは一九一四年以前から大きく進んでおり、一九一四年には欧米諸国の大半に大手系列グループが誕生していた。日刊紙にせよ、その他の新聞・雑誌にせよ、新しいジャーナリズムを展開するに足る人的・物的資源は、大手系列にしか備わっていなかった。

企業集中は競争によって自然に促されただけではない。それをさらに加速したのが一九二九〜三〇年の経済危機だった。大半の国で平価が切り下げられ、新聞は値上げを余儀なくされた。値上げのたびに部数は落ちた。それに耐えられたのは経営基盤の強い企業だけだった。苦境に立たされた新聞は、収入の面では売上も広告収入も減り、支出の面では資材の高騰、内容の質・量の向上、人件費の増大で製作費が上昇していた。

4 技術の変化

この時期には輪転機もライノタイプも、最初に実用化された時に比べて着実に進歩した。活版による新聞印刷は、ページ数の増加にもかかわらず高速化した。高価で場所をとる機材の導入にともなう巨額の動産・不動産投資は、企業集中を促進した。植字工の強力な労働組合(1)がノルマの大幅な引き下げを認めさせたことにより、欧米各国で製作費が顕著に上がった。

(1) 全仏印刷工連盟の一連の労働条件改善要求の契機は、一九一九年十一月にパリの植字工が実施した長期ストライキだった。労使双方とも、このストライキから教訓を引き出した。

新聞印刷に最もよく用いられたのは活版である。この時期に急速に利用が進んだグラビア版やオフセット版は、もっぱら雑誌用であった。日刊紙とその他の新聞・雑誌の違いは、カラー印刷に適したグラビア版の進化とともにさらに広がった。

新聞印刷工場はどこでも写真製版室を設置、紙面に占めるグラフィックスの割合は増加の一途、といった二十世紀初頭に始まる変化のなかで、紙面の様相はまったく変わった。新聞は単なる「読み物」という以上の魅力を求められるようになっていた。

写真電送は、ベラン式装置の改良が進んだ結果、一九二五年には一般化していた。

一八八〇年代以降の電話の普及により、事実報道の手はずは根底から変わっていた。大戦後に日常化した電話は、新手の報告記事を生み出しただけでなく、最初は米国、次いでヨーロッパに新しい種類の仕事を誕生させた。ひとつは速記者であり、もうひとつは、記者の「生原稿《なま》」をデスクが編集したり整えたりするリライティングである。

僻地への配送を可能にした自動車革命で、大都市の新聞の商圏は拡大した。

5　通信社

通信社間の協定は、大戦によって暗礁に乗り上げた。戦争が終わると、アヴァスとロイターは協定の更新を試みた。しかし一九〇〇年前後のような実効性のある強力な「世界分割」体制は、戦間期を通じて二度と再現されなかった。諸国でナショナリズムが復活していた。全体主義諸国からは何かと注文がつき、米国の通信社は「帝国主義」に傾いていた。かくして通信社間の競争は常態化した。そこには商売だけにとどまらない政治的な対抗関係もあった。通信社はプロパガンダの手段としてうってつけであり、ヨーロッパの小国も含め、各国がいずれも通信社の掌握に腐心する時代であった。

アヴァスとロイターの協定は一九一九年にかろうじて成立するが、一九三四年には跡形もなくなっていた。両者の間でさえ競争が始まった。ただし、仁義なき競争ではなかった。この時期には無線電信が発達したため、電信ケーブル網に加えて無線サービスも開始された。

(A) 米国の通信社

UP通信の出現により、AP一強体制は崩れていた。協定に拘束されないUPは、世界中でニュースと顧客を追い求め、非常に積極的な事業展開を行なった。INS通信はUPほど強力ではなかった。APが組合方式を続けていたのに対し、UPとINSは通常の営利会社として経営された。世界的な企業になった米国の通信社は、この国の新たな国力を体現していた。とりわけ写真部門の優位は圧倒的だった。

(B) ロイター通信

ロイター通信は良質な金融情報部門を維持し、ニュース市場における地位を堅持した。一九二五年に地方紙の社主団体であるPAが、ロイターに大口の出資をし、国内ニュースの収集を担当するようになった。一九四一年にはロンドン紙の社主団体である新聞社主協会もオーナーに加わり、その際にロイターの企業形態は組合組織に変更された。第二次世界大戦後には、英連邦の他の国々〔オーストラリアとニュージーランド〕の社主団体もロイターのオーナーに加わることになる。

(C) ドイツの通信社

コンチネンタール・テレグラーフェン〔旧ヴォルフ通信〕には、一九一三年に〔後の〕フーゲンベルク傘下のテレグラーフェン・ウニオーンという競争相手が出現。さらに一九一五年には、連合国による封鎖をかいくぐって、海外に無線で情報発信する国策通信社、トランスオーツェアーンも設立された。コンチネンタールとウニオーンは一九三四年に、ゲッベルス率いる宣伝省の配下のドイツ通信社(DNB)に統合された。

(D) アヴァス通信

戦間期のアヴァスの事業は困難をきわめた。一九二〇年にSGAをアヴァス株式会社に完全に吸収したが、ニュース部門は赤字の年が多く、広告部門は一九三〇年を境に減益に転ずる。戦後一九二四年までは、国際外交におけるパリの重要性、それに戦勝の余勢もあり、アヴァスは世界的な地位を回復していた。しかし通信社間の激しい競争のなかで、一九二五年にはニュース部門の赤字が急増した。歴代内閣は少なくとも一九三一年以降、プロパガンダの応酬の場となった世界へのフランスの情報発信の必要上、アヴァスに資金を注ぎこんだ。この年に、アヴァスの国外ネットワークの再編に向け、外務省はレオン・ロランを送りこんでいる。だが一九三六年に、政府とアヴァスの関係はひどく険悪化する。〔この年に成立した〕人民戦線内閣が、アヴァスと右派野党系諸紙とのつながりは言わずと知れると非難したからだ。外務省がニュース部門の赤字を全面的に肩代わりしたのは〔人民戦線内閣が倒れて間もない〕一九三八年七月のことだった。一九四〇年十一月に、アヴァス通信はヴィシー政権によって国有化されるにいたる。

Ⅱ　米国——新聞チェーンの時代

この時期の米国の新聞・雑誌は目覚ましい躍進を続け、一九三〇年以後は経済危機によって減速する。日刊紙の合計部数は一九一〇年に二四二〇万部、一九二〇年に二七八〇万部、一九三〇年に三九五〇万部、一九四〇年に四一一〇万部。日曜新聞はページ数が多く、一九三〇年には二五〇ページを超えるものもあったが、一九二〇年に一七〇〇万部、一九四〇年に三二四〇万部に増大。日刊紙の題号数は一九一〇年に二四三〇紙、一九四〇年に一八四八紙に減少、広範に読まれていたのは地方紙である。既存の新聞チェーンの発展は一九四〇年頃まで続く。日刊紙の集中度は、一九一〇年に一三グループで全六二紙、一九三〇年に五五グループで全三一一紙、一九四五年に五六グループで全三〇〇紙。これらのグループはラジオ局も設立した。その発展を失速させたのが一九三〇年の危機であり、一九三七年にはハースト・グループが事実上破綻していたほどだった。政治的に多大な役割を演じたハースト系列の新聞は、共和党寄りで、ローズヴェルト政権に敵対的だった。筋金入りの反共主義者のハーストは、フランスを嫌い、ドイツを好んだ。

タブロイド——この時期の日刊紙の特徴は、新たな廉価紙の登場である。普通の新聞のハーフサイズのタブロイド判で、『プティ・ジュルナル』の創刊当初の大きさに相当する。

記事は短く、見出しは巨大、グラフィックス満載のタブロイド紙は、センセーショナリズムを追求した。政治はあまり取り上げないが、取り上げる時はガンガン書き立てる。時間に追われる大都市の住民と、英語の苦手な移民を読者に想定し、米国では空前規模の部数に達した。タブロイド判は一九〇一年に『ニューヨーク・ワールド』が、第二帝政末期のパリの五サンチーム紙に似た新聞を試みた例がある。復活したのは一九一九年、『ニューヨーク・デイリー・ニューズ』による。このタブロイド紙は『シカゴ・トリビューン』の発行者のひとりが創刊し、一九三〇年に一五〇万部超。同紙の後を追って、『ニューヨーク・デイリー・ミラー』（ハースト・グループ）や『イヴニング・グラフィック』も発刊。

この新しいライバルの出現で、大都市の既存紙は劣勢に立たされた。ただし『ニューヨーク・タイムズ』、『ニューヨーク・ヘラルド・トリビューン』、および一九〇八年にボストンで創刊された『クリスチャン・サイエンス・モニター』のような高級紙は逆に読者を拡大。三紙は一九三七年にそれぞれ四七万二〇〇〇部、三二万七〇〇〇部、一二万部。

日刊紙以外の定期刊行物も、この時期に大きく様変わりした。

月刊『リーダーズ・ダイジェスト』、一九二二年にディウィット・ウォーレスが創刊、さまざまな本の中身を巧みに「圧縮」した独特の読み物雑誌として人気を博した。画期的な一大ジャンルとなったのがニュース雑誌《マガジン》で、この時期に欧米全域で成功を収めた。嚆矢は一五セントの週刊誌『タイム』、一九二三年にヘンリー・ルースとブリトン・ハッデンが創刊した。他に『ニューズウイーク』や『USニューズ』が発刊。『タイム』で成功したルースは、一九三〇年に月刊の経済時事誌『フォーチュン』、一九三六年にニュース・グラフ誌『ライフ』を創刊。フランスの雑誌『ヴュ（見た）』に想を得た『ライフ』は、このジャンルの雑誌の完成形となる。ニュース・グラフ誌では他にカウルズが『ルック』を創刊。第二次世界大戦が始まる頃、米国の雑誌界は激烈な競争の渦中にあった。歴史ある『コリアーズ』が低迷し、ロンドンの『パンチ』の作りをアメリカナイズした『ニューヨーカー』が発刊されたのも、この両大戦間の時期であった。

Ⅲ　英国――部数を追う系列グループ

ロンドンの日刊紙の合計部数は、一九二〇年に五四〇万、一九三〇年に八五〇万、一九三九年に一一五〇万。地方紙も二五〇万から六〇〇万に増加、夕刊紙が圧倒的に多かった。日曜紙は両者の急速な伸長に押され、一三〇〇万部前後で横ばい。

大戦が終わった時、新聞王たちの系列グループは以前にまして強力になっていた。一九二二年にノースクリフが没すると、大手紙の勢力図に変化が生じる。『タイムズ』は紆余曲折の末、アスター（後に叙爵）に一五八万ポンドで身売り。彼は同紙が「それにふさわしくない者の手に落ち」ないよう、エスタブリッシュメントの名士からなる評議員会を創設、その任務のひとつは『タイムズ』の独立性の確保だった。同紙の論調は、一九二二〜四一年の編集長ジェフリー・ドースンのもとで保守化して、反共主義ゆえにナチス・ドイツに譲歩する方向に傾いた。発行部数は二〇万部足らずで推移。

兄〔ノースクリフ卿〕の遺産を継承したロザミア卿は『デイリー・メール』はじめ、傘下に入っていた『デイリー・スケッチ』や『イヴニング・ニューズ』といった系列紙上で、ナチス・ドイツに非常に好意的な論陣を張った。『デイリー・メール』は勢いが弱まり、一九三七年に一六〇万部止まり。ロザミアは地方夕刊紙の系列化を試みて失敗、さらには『デイリー・ミラー』を手放して、編集主幹ハリー・バーソロミューと〔姉の息子〕セシル・キングに委ねざるをえなくなる。部数はその時〔一九三五年〕の七三万部から、新たな経営陣のもとで一九四〇年には一三〇万部へ。第二次世界大戦中も好調で、チャーチルの行動を厳しく批判、一九四四年に二〇〇万部。

ビーヴァーブルック卿の保守派新聞『デイリー・エクスプレス』も堅調で、一九三七年に二三〇万部。系列紙に『サンデイ・エクスプレス』や『イヴニング・スタンダード』。

『デイリー・ヘラルド』は、第一次大戦中に週刊化を余儀なくされ、戦後にやや息を吹き返す。一九二二年に労働組合会議の支援を得て労働党の機関紙化するが、その後も財政難が続き、一九二九年にオダムズ新聞社との協定締結にいたる。新会社の株式の五一パーセントをオダムズが取得、四九パーセントは労働組合会議が保持。『デイリー・ヘラルド』はランズベリーの時代からJ・S・イライアス〈後のサウスウッド卿〉の時代に移った。労働党に忠実な論調は変えず、一九三七年に二〇〇万部。

歴史ある『デイリー・ニューズ』、『デイリー・クロニクル』、由緒ある『ウェストミンスター・ガゼット』の三紙は合併。この『ニューズ・クロニクル』の誕生で一九三〇年に自由主義新聞が再興。一九三九年に一四〇万部超。『デイリー・テレグラフ』は、地方紙と雑誌で財をなしたベリー兄弟が一九二八年に買収。後のカムローズ卿たる兄は『サンデイ・タイムズ』、後のケムズリー卿たる弟は『デイリー・スケッチ』を含めたロザミア系列諸紙の一部も取得していた。兄弟の事業は一九三七年に分離された。

地方では、全国紙の地方展開を受けつつも、系列グループの形成が進む。ただしロンドンのグループと結びついたものも多い。

以上のような英国紙の著しい発展は、質の低下と無縁ではなかった。熾烈な競争を繰り広げる各紙、各グループがセンセーショナリズムを追求した結果、大半の新聞は英国ジャーナリズムの伝統から遠ざかり、米国のタブロイド紙に似たものと化した。とはいえ、その思想や政治的選好に関しては、どこまでも島国独特の性質を保った。

Ⅳ フランス——相対的停滞

1 概況

(A) 新聞・雑誌市場

この時期のフランスの新聞・雑誌の変化には、英米に比して独特の特徴がある。一九二〇~三九年の部数の伸びが日刊紙で一〇〇〇万部から一二〇〇万部と鈍く、第二次世界大戦直前の時点でその五〇パーセントを地方日刊紙が占めていた。しかも新興紙『パリ・ソワール』の成功のかげで、他のパリ紙は軒並み大きく低落していた。同じ時期に英国と米国で急拡大した日刊紙市場は、フランスではほぼ飽和状態に達していたように思われる。英米紙の部数増大を牽引した過激なセンセーショナリズムを、フランスの読者大衆は受け容れなかったと見えなくもない。

日刊紙以外の創刊が相次いで、文芸・芸術、スポーツ、女性向けの紙誌が伸長。子ども向けでは、コミックスを柱にして人気の出た紙誌が一九三四年から出現。映画雑誌やラジオ雑誌も順調。ニュース・グラフ紙誌も新たな展開を迎える。それらの部数がどれぐらい伸びたのかは集計できないが、日刊紙市場の相対的停滞の一因であったことは確かだろう。

この時期にはもうひとつ、重要な特徴がある。政論週刊誌の興隆だ。一九一四年以前は微々たるものだったが、経済情勢の変化によるオピニオン紙の低迷を追い風として戦後に急成長する。それらはおのずと各種の政治団体の機関誌化した。しかし一部の政論週刊誌は、特定の政党と結びつくよりも、特定の政治的傾向を打ち出すことで躍進した。息長く存続したものもある。

(B) 経営難で、企業集中は頭打ちに

通貨フランの平価が徐々に切り下げられるにつれ、新聞の価格は目に見えて上がった[1]。経費の膨張で経営の悪化した日刊紙の題号数は、一九二〇年から三九年の間にパリでは四〇紙から三二紙へ、地方では二二〇紙から一七五紙へと、少しずつ減っていった。しかし、他の欧米諸国で見られたほどの企業集中はフランスでは起こらなかった。その大きな理由は地方紙の安定にあったといってよい。戦時中、パリ紙が地方各県への配送に苦労している間に、地方紙は経営基盤を強めることができた。小都市や農村部での地方紙の拡販には、普及し始めた自動車が大いに役立った。

（1）日刊紙の価格は一九一七年一〇サンチーム、一九一九年一五サンチーム、一九二〇年二〇サンチーム、一九二五年二五サンチーム、一九三六年三〇サンチーム、一九三七年四〇サンチーム、一九三八年五〇サンチーム、一九四一年一フラン。値上げのたびに売れ行きが急減、数か月かけてやや回復、を繰り返した。

米国やドイツと違って、この時期のフランスでは新聞チェーンは形成されていない。英国と違って、首都の大手紙の地方での売上は、巨大グループというほどではない。大手が存在しなかったわけではない。古くは『プティ・パリジャン』グループやボンヌ・プレス出版会、新しくは共産党系新聞グループの規模は小さくはなかった。パリの日刊紙で他の紙誌も擁するところが皆無だったわけでもない。しかし、これらの規模は相対的にはさほどのものではない。例外になりかけたのが『パリ・ソワール』の快進撃だが、それも戦争の勃発によって阻まれることになる。コティの試み〔後述〕にいたっては、ハーストやビーヴァーブルックの情けない真似ごとにすぎなかった。

ただし、『プティ・パリジャン』『マタン』『プティ・ジュルナル』『ジュルナル』『エコー・ド・パリ』のコンソーシアムが、大戦直後にパリの日刊紙市場の独占を試みてはいる。戦時中に通信社アヴァスと取次店アシエットの主導で接近した五大紙は、同時掲載広告の料金割引、地方での販売共同化、自滅的な販促合戦の放棄にまで協定を拡張しようとしたのである。実現していれば強大なグループが出現していたところだが、地方紙を主な顧客とするアヴァスが二の足を踏んだ。みずからの手を縛るには優勢すぎた『プティ・パリジャン』グループはさらに消極的だった。協定拡張の試みは失敗に終わる。一九二八年に〔後述コティの〕『人民の友』の一件が起きた際にコンソーシアムはしばし結束を強めたものの、一九三〇年以降は若干の些細な合意を交わすにとどまった。

(C) 一八八一年法の見直し

一八八一年の法律は、しばしば不備を指摘されつつも、抜本的な改定法案が成立するにはいたらなかった。出版法違反罪に関して、新たな罪名が追加され、非陪審裁判の対象が拡大されはしたが、その直接の影響はきわめて限定的だった。この時期に可決された唯一の重要な法律は、職業ジャーナリストの法的地位を定めたものである。一九一八年三月に発足した全国ジャーナリスト労働組合によって推進され、一九三五年三月二十九日に公布された。人民戦線内閣の一九三七年の改定法案は成立しなかったため、新聞社の法的地位は定まっていない。

2 全国紙の動向

(A) 五大紙

『プティ・パリジャン』(と日刊紙『エクセルシオール』、雑誌『私たちの娯楽《ロワジール》』『ミロワール』)を擁するアンギャン通りのグループは、一九一九年のジャン・デュピュイの没後、息子たちに代替わりしてからも好調を持続。しかし一九三〇年以降は、ライバル紙『パリ・ソワール』と地域紙に押されて徐々に後退、一九三九年には一〇〇万部前後まで縮小。一九二一年と一九二四年に地方版の発刊を試みるも、地域紙の抵抗を前に断念。一九三〇年代に地方新聞社への資本参加を行なったが、系列紙と呼びうるものではない。

『プティ・ジュルナル』はさらに低迷。順次ルシュール、パトノートルの手を経て、最終的に一九三七年にラ・ロック大佐に渡り、火の十字団[1]の機関紙と化す。一九三九年に一七万五〇〇〇部。

(1) ラ・ロック大佐を団長とする右翼ナショナリストの在郷軍人団体。一九三四年二月六日の反議会主義デモに荷担し、一九三六年に解散させられたため、厳密には後継組織たるフランス社会党(PSF)を指す〔訳注〕。

『マタン』も戦後は読者が減り、一九三九年にわずか三〇万部。社主ビュノ=ヴァリヤのもとで反共主義、反社会主義へ舵を切り、その反議会主義は一九三四年二月六日事件[1]などに大きく影響した。

(1) 同年一月以降、右翼勢力が煽動した反議会主義デモがパリで繰り返され、それが二月六日に最高潮に達した〔訳注〕。

『ジュルナル』は、一九二五年に製紙業者ダルブレ、通信社アヴァス、パリ・オランダ銀行が社主となって鎮静化。論調のほうは明白に右傾化、読者は減少、一九三九年に四〇万部。

戦時中に急伸した『エコー・ド・パリ』は、その部数を維持できず。アンリ・シモンが引き続き発行、ナショナリズムの論陣を張り、ペルティナクスの外交論評がよく読まれた。一九三七年に内紛が起こった結果、ベルビが創刊した『ジュール(日)』と合併へ。内紛の際に〔シモンとともに〕辞職したアンリ・ド・ケリリスその他の編集者が『エポック』を創刊。右翼紙のなかで、『エポック』はビュレの『秩序』とともに、数少ない反ミュンヘン宥和派〔対独強硬派〕の新聞であった。

(B) コティの新聞

香水で巨万の富を築き、コティの名で知られるコルシカ出身のフランソワ・スポトゥルノが新聞界に乱入した一件は、なかなかの奇聞の類である。一九二二年に『フィガロ』、後に『ゴロワ』を買収し、一九二九年に両者を統合するが、この二つの高級紙の読者では、政界進出を狙う野心の足しにならなかった。そこで一九二八年五月に『人民の友』を創刊する。二五サンチームの他紙に対抗して一〇サンチームに価格を設定、イタリアのファシズムの亜流的な一貫性のない主張を紙面で展開した。八〇万部に達したとはいえ、編集も劣悪で、五大紙コンソーシアムから締め上げられた『人民の友』が、この部数を維持することはできなかった。コティは一九三〇年の経済危機で零落し、一九三四年に『人民の友』を手放すはめになった後に死去、同紙はテタンジェが発行者となっていた時期に消滅。

(C) 右翼の紙誌

政治家の新聞ではタルデューの『エコー・ナショナル』、一九二四年に終刊と短命に終わった。ドリオの『自由』、一九三七年にフランス人民党(PPF)機関紙とすべく買い取った。それらを別とすれば、『エコー・ド・パリ』に次ぐ右翼の有力機関紙は、戦時中に読者が増えた『非妥協派』である。一九三〇年まで三〇万部を維持したレオン・ベルビは、一九三二年に同紙から追われて『ジュール』を創刊。一九三九年に『ジュール』一八万五〇〇〇部に対し、『非妥協派』は一三万部に減少。『アクシオン・フランセーズ』は有力紙の座を維持し、奔放な論争を展開。一九二六年、教皇ピウス十一世がアクシオン・フランセーズ運動の所説を否認する。同紙は多数の読者を失ったが、その後もレオン・ドーデとシャルル・モーラスを先頭に、反共和政運動の急先鋒に立ち続けた。

この時期に日刊紙以上に強力だったのが週刊紙である。『カンディード』、発行元は（アルテーム・）ファイヤール書店。ジャック・バンヴィルやピエール・ガクソットが中核となり、発行部数は五〇万部近くに達した。『グランゴワール』、H・ド・カルブッチアとアンリ・ベローが牽引。論調はさらに激烈、著しい反英主義と反ユダヤ主義で、一九三七年に八〇万部以上。『私はどこにでもいる《ジュ・シュイ・パルトゥ》』、諸国のファシズムに最も近い機関紙。第二次世界大戦中は対独協力で発行継続。

(D) カトリックの紙誌

『ラ・クロワ』は一七万部前後で安定し、カトリックの一大機関紙の座を維持。『アクシオン・フランセーズ』が教皇に否認された事件で編集部は大混乱に陥り、一九二七年に主筆がメルクラン神父に交替。論調が穏健化する。発行元ボンヌ・プレス出版会は、他にもさまざまな紙誌を発刊、また全国各地で『ラ・クロワ』週刊地方版を発行し、地域通信社を設立、地方の聖職者とカトリック言論界に多大な影響を及ぼした。キリスト教民主派では、雑誌『カトリック生活』、一九二四年にフランシスク・ゲーが創刊。日刊紙『オーブ（あけぼの）』、一九三二年から四〇年まで継続。この両機関誌は、第二次世界大戦後の人民共和運動（MRP）の結党につながる大きな影響力をもった。週刊紙『青年共和国』、一九二〇年創刊、かつてのション運動とマルク・サンニエの機関紙。カトリック「左派」の週刊紙『7』、一九三四年創刊、一九三六年から教会上層部ににらまれて停刊、『現時《タン・プレザン》』が後継紙に。週刊紙『フランス・カトリーク』、きわめて保守的な全国カトリック連盟の機関紙。

(E) 中道の紙誌

ナレーシュ率いる『デバ』はじり貧に。『タン』は「共和国の最有力紙」の座を保ってはいたが、部数は七万五〇〇〇部弱。さまざまな曲折を経て、石炭事業者団体と製鉄事業者団体が一九二九年に掌握、一九三一年にジャック・シャストネとエミール・ミローを編集主幹に据えた同紙は、一九三〇年代に左翼内閣が相次いだ時代に乗り遅れていた。ミュンヘン宥和支持が鮮明。

(F) 左翼の紙誌

『日日《コティディヤン》』は、週刊紙『公民の進歩《プログレ・シヴィーク》』を発行するアンリ・デュメが、その愛読者たる急進社会党・社会党支持の教師や小ブルジョワ層を対象に、一九二三年に創刊。「堅実な人々のための堅実な新聞」として異彩を放ち、じきに三五万部に到達。一九二四年に成立した左翼連合政権の基盤の一角を担い、当代随一のジャーナリストのひとりジョルジュ・ボリスを擁していた。一九二六年、事実上のスポンサーが醸造会社オーナーのヘネシーであることが発覚。辞職した編集者たちは別途、週刊紙『リュミエール(光)』を創刊。一九二八年、マルト・アノーの『ガゼット・デュ・フラン』事件(1)が起き、そのあおりを受けた『日日』は急速に読者を失った。

（1）アノーが発行する金融情報紙『ガゼット・デュ・フラン』紙上に、みずからの経営する投資ファンドへの信託や利害関係のある会社への投資を誘導する虚偽情報を掲載するなどして、背任罪と詐欺罪に問われた事件。『日日』は彼女に金融情報欄を委託していた〔訳注〕。

急進主義では、『ウーヴル』が最大の機関紙、ギュスターヴ・テリ、ジャン・ピオのもとで二〇万部以上を堅持。小部数の党機関紙が、エリオに忠実な『新時代《エール・ヌーヴェル》』や、ダラディエの意向を受けた『レピュブリーク』など。地方紙は『トゥルーズ速報《デペシュ》』『フランス・ド・ボルドー』『リヨンの進歩』ほか多数。

社会党〔当時はＳＦＩＯ、改称は一九六九年〕は『ポピュレール・ド・パリ』を機関紙とした。一九二〇年〔の社共分裂時〕に『リュマニテ』を共産党に持って行かれたからだが、ＳＦＩＯの他の紙誌と同じく伸び悩む。人民戦線内閣の時にようやく三〇万部。一九二七年から四〇年までの政治主幹はレオン・ブルム。地方では『北国の目覚め《レヴェイユ・デュ・ノール》』のような地方紙のほうが堅調だった。

左翼の週刊紙は、右翼ほど成功しなかった。『リュミエール』とともに好調だったのが『金曜日』。アンドレ・シャンソン、アンドレ・ヴィオリス、ジャン・ゲエノが創刊、人民戦線の機関紙のひとつとなる。モーリス・マレシャル発行の『カナール・アンシエネ』は、二〇万部に達し、両紙以上に快調。

共産党は選挙では社会党ほど勝てなかったが、新聞の発行部数ではＳＦＩＯにまさった。『リュマニテ』は〔一九二〇年の社共分裂の場となったＳＦＩＯの〕トゥール大会後に共産党が掌握。編集主幹はマルセル・カシャン、激動の時代である。一九二〇年以降、何人もの編集者が相次いで粛清された末に、一九二六年に名編集長ポール・ヴァイヤン＝クテュリエが着任。一九三七年の彼の死後はジョルジュ・コニオとガブリエル・ペリが編集部を率いた。一九二九年、同紙の編集者が起訴処分、〔党の資金源となっていた〕労働者・農民銀行が清算処分に見舞われる。『リュマニテ』は極度の財政難に陥った。共産党の活動家が動員され、『リュマニテ』防衛委員会が結成された。一九三九年に三五万部。この年、独ソ不可侵条約の締結を見たダラディエ内閣の発禁処分により、共産党系の紙誌は八月二十六日に全滅した。日刊紙として他に『ス・ソワール〔今晩〕』、一九三七年に『パリ・ソワール』の路線を狙って創刊、編集主幹はアラゴンとJ・リシャール・ブロック。瞬く間に成功を収め、一九三九年に三〇万部。日刊紙以外はグラフ誌『ルガール〔視線〕』ほか多数。地方には週刊紙があるのみで、日刊紙は皆無。

3 『パリ・ソワール』

〔北仏〕ノール県出身の産業家ジャン・プルヴォーは、一九二四年に『パリ・ミディ』を買収して新聞事業に進出、一九三〇年に『パリ・ソワール』を買収した。同紙は一九二三年にウジェーヌ・メルルによって左翼紙として創刊されたが低迷し、この七年間で四番目のスポンサーとなる。一九三〇年の部数は六万部。プルヴォーはガブリエル・ペルー、レーモン・マヌヴィ、ピエール・ラザレフら、および写真部長にルノドンを起用、『パリ・ソワール』を日刊ニュース・グラフ紙に作り替えた。部数は一九三一年に一三万四〇〇〇部、一九三三年に一〇〇万部、一九三九年に一八〇万部、一九四〇年に二〇〇万部。紙面改革が次々に打ち出された。グラフィックスは満載、レイアウトは見やすく、見出しも活用。スポーツ・

ニュースは質・量ともに充実。センセーショナリズムを追求し、時には一面に――英米ほどではないまでも――流血事件を載せるのも辞さない。良質のルポも掲載し、文体はストレート。そんな新聞に人々は意表を突かれ、魅力を感じた。時代の政治情勢は重大であった。しかしミュンヘン会談の報道で際立ったように、この新聞は本来であれば示すべき現実的な見解ではなく、楽観性に満ちた政治ニュースを流して世論を安心させた。フランスの新聞市場は、『パリ・ソワール』の快進撃によって激変した。午後に発行される新聞がこれほどの部数に達したのは前代未聞だった。

プルヴォーは一九三八年に『非妥協派』系列のスポーツ雑誌『マッチ（試合）』を買い取って、総合ニュース・グラフ誌に作り替えた。一九三九年に『マッチ』は早くも一一〇万部、プルヴォー・グループの女性誌『マリ・クレール』が九八万五〇〇〇部。

この新手のジャーナリズムの成功を前に、大部分の新聞は『パリ・ソワール』への追随、紙面の完全な変更を迫られた。

4　地方紙

地方紙の発展の主な要因と特徴については先に述べた。主要地域紙にはもうひとつ、活況の原因があった。御当地版を増やしたことだ。地方の公衆の当然の関心に応えられないパリ紙に対し、これで決定的に優位に立ったのである。

大都市で発行される日刊紙のうち、現在ほど独占的な地位にあったわけではないものの、一五万部を超える新聞が一九三九年の時点で九紙あった。レンヌの『ウエスト・エクレール』が三五万部、リールの『北国民報《エコー・デュ・ノール》』が三三万部、ボルドーの『プティット・ジロンド』が三二万五〇〇〇部、グルノーブルの『プティ・ドフィノワ』が二八万部、『トゥルーズ速報』が二七万部、リールの『北国の目覚め』が二五万部、『フランス・ド・ボルドー』が二三万五〇〇〇部、『リヨンの進歩』が二二万部、マルセィユの『プティ・プロヴァンサル』が一六万五〇〇〇部。かなり古い時期に創刊されたものも多い。

V　ドイツ――コンツェルンから隷属へ

ドイツの紙誌は、大戦とそれに続く激しいインフレにより深刻な打撃を受けた。新たな展開が始まるのは、一九二四〜二九年に経済が安定してからである。いずれも全国規模に達しない新聞の乱立状態は変わらないまま、かなり限られた数の企業への集中が不合理なまでに進行する。〔一九一九年の〕ヴァイマール憲法一一八条では出版規制の自由化が約束され、一九二〇年の法律(1)でも確認された。だが、この時期の不安な政治情勢が、そのまともな適用を許さなかった。緊急事態が発令されるたびに、出版の自由は停止されている。

（1）公開映画を事前認可制とした一九二〇年の法律を指しているとは思えないため、青少年向けの印刷物だけを対象に検閲を定めた一九三六年の法律の誤記か〔訳注〕。

新聞・雑誌に対するドイツの産業グループの関心は、前の時代にさかのぼるが、一八六六年にベルリンで創刊した『ポスト』に広範な読者はつかなかった。この時期に巨大系列グループの構築に着手したのは、一九一九年一月にクルップの会長職を離れたフーゲンベルクである。一九一三年に掌握していた『ベルリン地域広告紙』に加え、ヴィルヘルム二世のじきじきの要請で、アウグスト・シェルルのグループ全体を一九一六年に買い取った。フーゲンベルク・コンツェルンの誕生である。戦時中は併合政策を支持、終戦時には一九一三年設立の通信社テレグラーフェン・ウニオーン、それに広告会社アラ〔一般広告会社〕も柱とするようになっていた。一九二六年から二七年にかけ、UFA《ウーファ》（ウニヴェルズム映画株式会社）を中核とする映画製作企業グループを構築。さらに、フェラ出版を通じて地方紙にも事業を拡大。一九三〇年にはドイツの紙誌の四分の一近くを直接的または間接的に支配していた。このフーゲンベルク・コンツェルンは、ナショナリズムと保守主義が濃厚であり、ヒトラーの抬頭を助長した。

オットー・ヴォルフ・コンツェルン。ケルンを拠点とし、ルール地方の一部の産業家の出資を受けていた。『ケルン人民新聞』やシュトレーゼマンの機関紙『ツァイト〔時〕』に出資。政治的にはヴァイマール派。

フーゴー・シュティンネス・コンツェルン。他に多くの事業を手がけつつ、新聞事業も非常に活発に展開。一九二五年に派手に破産して瓦解、多くの系列紙はフーゲンベルク・グループに吸収された。

以前からあるウルシュタイン・グループとモッセ・グループはかなりよく持ちこたえた。この時期に両者と並んで伝統的な自由主義思想の拠り所となったグループは、ともにフンメル博士が支援したフランクフルト組合印刷会社および顧客多数のドイツ地方通信社である。

カトリック中道派の紙誌は、一九二九年に四五〇弱。中核は『ゲルマーニア』と『ケルン人民新聞』。社会主義の紙誌は、一九二八年に二〇〇強、定期購読者一二五万人。『前進』『ミュンヘン・ポスト』など。大部分は党を社主とするが、安定財政だったとは言いがたい。共産党の紙誌は、公式機関紙が『ローテ・ファーネ（赤旗）』。加えて、ミュンツェンベルク・グループが、フォトモンタージュで知られるグラフ誌『労働者画報（AIZ）』など一〇〇前後を発行。一九三一年から三二年に一連の政令[1]が発布されると、共産党の紙誌の読者は減少した。ナチスは『フェルキシャー・ベオーバハター』を一九二〇年にミュンヘンで創刊、一九二三年に日刊化。一九二九年の時点で擁していた新聞は日刊が三紙、週刊が四〇紙。ナショナリスト勢力が随時資金を提供して、不振な新聞事業を支えた。

（1）前者は出版の自由を制限した三月の大統領令、後者は共産主義者の入隊を禁じた一月の陸軍大臣命令を指すのではないかと思われる〔訳注〕。

経済危機の影響に苦しんでいたドイツの紙誌は、さらに一九三三年一月のナチス政権発足後、権威主義的・中央集権的な「綱紀粛正」の対象にされる。ゲッペルス率いる宣伝省の検閲と指示に服し、ナチスが設置した同業者機関たる帝国新聞院《ライヒスプレッセカマー》のもとに束ねられ、一三年間にわたって独裁体制の忠実な奉仕者と化すことになる。一九三三年一月当時に二七〇〇あった政論新聞・雑誌は、一九三三年七月には一二〇〇に減った。党の出版事業はマックス・アマン率いるエーア出版が担った。他紙の強制買収や廃刊処分という手段により、一九三九年にはドイツの新聞の三分の二を牛耳ったが、主力はあくまで『フェルキシャー・

ベオーバハター』と『アングリフ』であった。

VI ソ連――草創期

ロシアの紙誌は一七〇三年の誕生以来、一度も自由を得たことがなかった。帝政時代を通じて、新聞・雑誌は厳しい監督下に置かれた。事業は統制され、内容は細かく検閲され、記者は警察に監視された。事前認可制度が原則的に廃止されたのは〔ロシア第一革命が起きた〕一九〇五年のことにすぎない。

一九一三年の時点で八〇〇前後、合計部数は三五〇万部。『サンクトペテルブルク報知』、ピョートル大帝の時代に設けられた官報に由来。『ノーヴォエ・ヴレーミャ（新時代）』、上流階級の機関紙、面白味のあった唯一の新聞。『モスクワ報知』、カトコフが偏狭な保守路線を堅持しつつ、汎スラヴ主義と露仏同盟推進の機関紙化。十九世紀の有名なロシア紙は、国外に発行拠点を置いた。ゲルツェンの『コロコル（鐘）』、一八五七年から月刊で発行。六五年までロンドンで編集され、さまざまな手立てでロシアに持ちこまれた。ラヴロフの『前進《フペリョード》』、一八七三年から七七年まで発行。〔ロシア社会民主労働党の〕『イスクラ（火花）』。一時的に自由を享受した一九〇五年一月から六月までの時期を除き、革命家の新聞は国内では地下発行だった。一九一二年から定期発行されている『プラウダ』など。

大戦の最中に帝政ロシアが崩壊すると、一九一七年四月から続々と新たな新聞が発刊、十一月に政権を掌握したボリシェヴィキは出版統制に着手する。

一九一七年十一月十七日に次の宣言が布告された。「労働者・農民政府の解する『出版の自由』とは、出版を資本のくびきから解放すること、製紙工場と印刷工場を国有財産化すること、所定の員数に達した市民グループ各々に対して、応分の用紙と応分の労働力を利用できる平等な権利を配分することを意味する」。まず反対派のブルジョワ新聞、次に反対派の社会主義新聞が一掃された。一九一八年十一月十七日、第一回ソヴィエト記者大会は次のように宣言した。「ソヴィエトの新聞・雑誌は、プロレタリア独裁の実施という目下の重要な任務に全面的に服するものとする」

出版の指導にあたる諸機関が、すぐさま国家によって設置された。アギトプンクトと呼ばれる宣伝局、新聞事業の物理的諸問題を緩和すべく、用紙配分や印刷工場設置の計画化を担当するゴシズダート、〔連邦体制が確立された〕一九二二年に従来の検閲担当部局を改組したグラヴリートなど。

戦時共産主義時代の一九一九年〜二〇年には、資材不足でボリシェヴィキ新聞の発行が滞って新聞が出回らない事態となり、貼り紙その他の形式による壁新聞が出現した。

新たにソヴィエト連邦体制が確立されると、新聞も同様に組織化され、共和国・州内のさまざまなレベルで多数が創刊された。とはいえ中核は飽くまで「中央」の新聞であった。なかでも党機関紙『プラウダ』と政府機関紙『イズヴェスチヤ』の二紙が他を圧倒、一九三六年の時点でそれぞれ一九〇万部、一六〇万部。総計は中央の新聞が四五紙、九七〇万部、各共和国の新聞が九〇〇〇紙、二八〇〇万部。

内容は当然、公式の指令に準じたものとなり、主要紙の編集部はしばしば、ことにスターリン時代には、政治的「粛清」の対象にされた。

第八章　一九三九～四四年のフランス――第二次世界大戦

Ⅰ　奇妙な戦争――一九三九年八月～四〇年六月

　一九三九年九月三日の〔英仏による対独〕宣戦布告に先立ち、一連の取り締まり措置と予防措置が、まず政令《デクレ・ロワ》により、次いで八月二十六日の共産党系の紙誌の発禁処分と八月二十八日の検閲開始によって講じられている。報道・宣伝・検閲を担当する部局は、順にジャン・ジロドゥ（一九三九年七月二十九日～四〇年三月二十一日）、L・O・フロサール（一九四〇年三月二十一日～六月六日）、ジャン・プルヴォー（一九四〇年六月六日～七月十五日）が統括した。一九一四年八月〔の参戦時〕と違って消滅した新聞はほとんどなく、フランスの新聞はこの奇妙な戦争のなかへ、さしたる熱狂もなく滑りこんだ。一九一四年の時ほど検閲で揉めることもなかった。一九四〇年五月二十四日、事前認可制が開始、発行の物理的条件も規制。一九四〇年五月～六月、フランス軍が敗走、多くのパリ紙と地方紙が消滅。パリ紙は〔直接占領下ではない〕フランス南部に退却した。

Ⅱ　南部地域――ヴィシー政権下の新聞

1　報道規制

ヴィシー政権では、すでにニュースや論説の検閲を行なっていた報道関連部局が、新聞を厳しく統制した。新聞社は「指示」と「指導メモ」を受け取り、それに従って（一面掲載を特記された）所定の記事を掲載したり、日々の「推奨」テーマに沿った記事を書いたりしなければならなかった。ヴィシー政権の公式プロパガンダの好例が、ペタン元帥の地方視察に関して一九四一年初めに出された次の指示である。

「国家元首を指す表現として『御老体』という表現は、たとえ『輝かしい』あるいは『勇敢なる』といった善意の形容を冠してもなお避けるべきである。その軍歴を想起させる「輝かしい戦士」「勇敢なる兵士」といった語も可能なかぎり用いてはならない。ただし時と場合に応じ、これらの語および「ヴェルダンの勝利者」であれば用いてもよい。逆に、元帥の心身の壮健さ、その人柄からおのずと滲み出る善意、その明晰さ、あらゆる問題に対する関心を示す類の表現であれば、大いに用いるのがよい……。これらの美質をとりたてて描写するには及ばないが、たとえば以下のように事実を述べるついでに、それらの発露を示唆して然るべきである。

――元帥はきびきびとした素早い足取りで進み……

――受けた説明に強く関心を示した。

――心配りをもって代表団を迎えた。

（……）元帥の発言のなかの、フランス人の愛国心を掻き立てる要素を強調するのをなにも恐れる必要はない。「未来への信頼」「物質的・精神的な再起」「フランスの刷新」等々。また、〔ヴィシー政権の成立した〕一九四〇年七月以来、政府によってなされた数々の事柄に、折につけて言及することをおろそかにしてはならない。また、国家元首がいかに占領当局から敬意を表明されたか、彼らといかなる会話を交わしたか、会談がいかなる「雰囲気」のもとに行なわれたかに関しては、とりわけ〔対独〕協力政策に資しているという書き方であれば、くどくない程度に述べるべきである」


パリでドイツによりフランス報道社（ＡＦＩＰ）が設置されたのに続き、ヴィシー政権下ではアヴァス通信が一九四〇年十一月に解体された。ニュース部門は国有化され、政府機関のフランス報道庁（ＯＦＩ）に移管された。一九四二年十一月に占領が南部にも及ぶと、統制はさらに強化され、新聞は最後の自由のかけらを失った。独立性を保とうとする編集者の奮闘も空しく、新聞はプロパガンダの具と化した。

2　諸紙の動向

用紙制限が課されたため、日刊紙は一九四一年からわずか二ページに減り、判型も次々に縮小した。フランス人は新聞の内容に関心をもたなくなり、部数は悪化の一途をたどった。読者が主に求めたのは、地元ニュースを別とすれば、ありとあらゆる行政情報である。物資の入手をはじめ、日常生活に大変な苦労が続いた時代にあって、それらの行政情報は必要不可欠だった。

(A) 退却した新聞

非占領地域に避難したパリ紙の事業は非常に難航した。読者は激減した。南部全域への配送を妨げる技術的障害も深刻だった。ヴィシー政権当局との関係は、現場の記者たちが自由な判断を留保しようとしただけに微妙であり、数々の衝突も起こった。たとえば一九四〇年十一月二十四日にペタン元帥官房宛てに、〔『フィガロ』編集主幹の〕ピエール・ブリソンが以下のように書き送っている。

「無理のある熱狂を新聞にひたすら演出させようとしながら、勝者に対しては恒常的におもねって、感謝の念を縷々並べ立て、少しでも善意を頂戴すれば無上の栄誉のごとく大げさに反応し、英国を侮辱するのに血道を上げる。そんなふうに、いそいそと隷属にいそしむ真似は、公衆の反発を招くばかりです。負けてよかったとフランスを説き伏せる論陣を張ったところで、まずもって成功の見込みはありません」

自主停刊した最初の新聞が〔前出二紙の合併による〕『ジュール＝エコー・ド・パリ』、一九四二年三月三十一日のことである。ドイツ軍が南部に侵攻すると、『フィガロ』が十一月十一日、『タン』が十一月二十九・三十日〔土日合併号〕に後に続いた。『パリ・ソワール』は林立した地方版を整理するのに一九四三年までかかった。『ジュルナル』『プティ・ジュルナル』『アクシオン・フランセーズ』『ラ・クロワ』『デバ』は、〔ノルマンディ上陸作戦によってフランスの解放が始まった〕一九四四年六月まで命脈を保った。

(B) 地方紙

これらのパリ紙と同様の圧力を受けながら、地域紙もなんとか発行を続けていたが、一九四二年十一月の『リヨンの進歩』のように自主停刊する日刊紙もあった。

Ⅲ 北部地域——ドイツ監督下の新聞

1 ドイツによる統制

北部占領地域における報道はヴィシー政権の権限外であり、南部発行の新聞の流通は禁じられていた。厳しい監督体制を敷いたドイツの宣伝局《プロパガンダ・アプタイルング》は、北部発行の新聞がヴィシー政権を攻撃するのを助長した。息のかかった記者たちには、対独協力政策の支持をはっきり打ち出せと圧力をかけた。宣伝局は文筆家や政治家の野心を巧みに利用して、各紙の見かけ上の独自性を演出した。

2　対独協力紙

パリで〔一九四〇年六月十四日の陥落後にドイツ当局の認可を得て〕発行を再開したのが、『マタン』六月十七日、〔マルセル・デアが編集主幹に就いた〕『ウーヴル』九月二十一日、『プティ・パリジャン』十月八日。新規に創刊したのが、ドリオの『人民の叫び』、ジャン・リュシェールの『新時報《ヌーヴォー・タン》』、あるいは『フランス・ソシアリスト』など。せっせと占領軍に奉仕した週刊紙が、『私はどこにでもいる』『晒し台で《オ・ピロリ》』など。

地域紙はごく少数の例外を除き、それほど一律に対独協力に傾きはしなかった。とはいえナチスの厳しい監督下にあったから、「元帥支持」ですら書けなかった。

Ⅳ　地下新聞

敗北を拒否し、占領軍によって強制された体制を拒否する人々は、時を追って増え、決意を固めていく。官許新聞がフランス人の感情や希望との乖離を深めるなか、彼らの声を響かせたのは地下新聞である。一〇〇〇紙以上のレジスタンス新聞が出現したが、その歴史をたどることは難しい。関係者の多くは、ナチスあるいはヴィシー政権による弾圧の犠牲になったからだ。小型輪転印刷機で刷った数十部のビラ、それなりに定期的に発行された小冊子、四ページ建て数万部の堂々たる新聞。これらの地下新聞は読み手の意識に著しい影響を及ぼした。一九三九年、『リュマニテ』、〔八月の発禁処分の後〕十月二十六日に地下発行で復活。一九四〇年、ジャン・テクシエの『占領下の人への勧め』（八月）に始まり、レーモン・デースの『パンタグリュエル』（十月）、ジュール・コレアールの『アルク（弓）』（十月）、クリスチャン・ピノーの『リベラシオン（解放）』（十二月）。いずれも最初は個人が始めた。一九四一年以降に現れた地下新聞には、すでにレジスタンス運動を行なっていた組織的グループによるものが多い。次々に新たな新聞が発行されたため、公平な取捨選択は不可能であり、全土解放後の有力紙の前身に絞る。一九四〇年十二月の『リベラシオン（北部）』に続き、一九四一年に『北国の声《ヴォワ・デュ・ノール》』（四月）、『リベラシオン（南部）』（七月）、インドミトゥスの『フランスの防衛』（八月）、『キリスト教徒証言帳』（十一月）、『コンバ（闘い）』（十二月）、『フラン・ティルール（狙撃手）』（十二月）。一九四二年に〔前出SFIOの〕『ポピュレール』（五月）、『レットル・フランセーズ』（九月）。一九四三年に『ビル・ハケイム』（三月）。等々。

〔一九四三年五月に結成会議が開かれることになる〕全国抵抗《レジスタンス》評議会（CNR）は、すでに一九四二年四月から報道部（BIP）を設け、『総合ニュース報』を発行した。占領地域の状況とレジスタンスの活動を自由世界に知らせる機関紙である。一九四三年十一月には、アルベール・バイエを長として全国地下新聞連盟（FNPC）が結成された。連盟はアルジェの臨時政府〔自由フランス〕およびCNRと連携をとりつつ、解放後のフランスの報道規制を準備した。

V　影響力の喪失

一九三九〜四五年の戦争により、フランスの新聞は結局は大きな打撃を受けた。紙面の体裁は粗末になり、何よりもプロパガンダの機関紙と化してしまったことで、新聞の威信は著しく損なわれた。フランス人は戦時中、自国の新聞では得られない多角的な報道を国外からのラジオ放送で得た。ラジオのリスナーは大幅に増え、新聞は読者を失った。すでに二十世紀初頭から減耗が始まっていた新聞の信頼資本は、一九四四年には相当ひどい水準にあった。全土解放後に新たに発刊された新聞は、評判を落とした以前の諸紙との歴史的な連続性を否認する。しかしフランス人の新聞離れにより、戦後の諸紙は出発当初から苦戦を強いられることになる。

第九章　第二次世界大戦後

一九四五年以降、新聞・雑誌は大きく変貌する。現代にいたるまで続く世界の変容は、新聞・雑誌の役割や編成に、多くの面で見直しを迫っているように思われる。視聴覚メディア、次いでデータ通信の発達にともない、旧来の活字メディアの威信が低下しているだけではない。人々の生活様式や行動が激変した結果、読み物の嗜好や習慣に変化が生じ、ジャーナリズムの慣行も変わろうとしている[1]。

(1) 本章では一九六〇年代末までの新聞・雑誌の変化の概略を述べるにとどめる。現代の新聞・雑誌に関しては、「文庫クセジュ」四一四番 *La Presse* および *La Presse française, La Documentation française*, 2014 を参照されたい。

I　新たな市場環境

1　報道メディアの競合

戦時中にはラジオの利用が促進された。戦後になると、新聞の読者の生活のなかで、テレビの比重が増大した。これらの新たな競争相手は、ものを読む時間を大きく奪い、先んじてニュースを流し、人々の新たな興味と要求を掻き立て、広告収入の一部をさらう存在として、環境変化への適応を新聞に迫った。新聞は三世紀にわたって手がけてきた多数向け報道の独占を失った。視聴覚メディアとの競合の影響は多岐に及ぶが、両者の間には比較的安定した均衡が成立した。活字ジャーナリズムはラジオやテレビのそれと相補的に、時事論説に傾注――高級紙の発展の重要な一因――、さもなくば後者がカバーしきれない身近な地元ニュースや三面記事の掲載に傾注した。その一方で、新聞社はラジオ局やテレビ局との相互資本参加を推進した。これもまた、視聴覚メディアの躍進に促されたことは明白だ。まず米国で誕生した「複合メディアグループ」は、一九六〇年代には英国、八〇年代にはフランスでも伸長し、次第に国際化していった。その種のグループの急成長に拍車をかけたのが民放テレビ局の発展であり、九〇年代以降はインターネットの発展だった。

2　技術が進歩、経済要因が優越化

この時期の技術進歩は、新聞事業をあらゆる面で激変させた。グラビア版の進化に続き、六〇年代からオフセット版が標準化したことで、五〇〇年にわたる活版印刷の優位はほぼ崩れる。製作技術はさらに自動植字、次いで写真植字の出現、印刷と情報処理へのコンピューター導入、レイアウトの電子化、ファクシミリの普及によって劇的に変わり、深刻な労働争議も引き起こした。また電気通信の目覚ましい発達とともに、ジャーナリズムの慣行は激変する。記者は次から次へと押し寄せるニュースの処理に忙殺され、大手通信社の立場はますます強化された。

以上の技術進歩の最大の影響は、新聞社の経費増大である。投資を行なう必要があるし、製作コストもなにかと上がった。それに加えて、労働条件が整備されたこともあり、人件費の増大が他の産業部門よりも急速に進んだ。結果、収支のバランスをとるために広告収入が決定的に重要となる。以後の新聞市場は、社会的意義と商品という新聞の二つの性質のうち、後者の規定する方向への傾斜を深めていった。

3　内容が拡大、種類が多様化

この時期には多数の紙誌が各国で発行され、スタイルにも内容にも多彩な変化が生じた。それらのなかから戦後の変化の概略を可能なかぎりで抽出するならば、第一に挙げられるのは、報道の領域が絶えず拡大したように思われることだ。そこには人々の関心の広がりと社会の複雑化が反映されている。第二に、日刊紙の重要性が相対的に低下した。特定分野あるいは総合ニュースをあつかう他の定期刊行物の伸長が原因である。新聞社の側も別刷りや特集を増やして対抗を図ったが、劣勢を押し返すことはできなかった。グラフィックスを用いた定期刊行物その他の活字媒体は、読者が多少は減ったにしても、視聴覚メディアにはない長所をもっている。読み手に能動的な考察を促す活字は、表層的な感情に訴える映像や音声ほど一過的ではない。定期刊行物の多色化展開は、テレビ放送の吸引力への対策になっている。

Ⅱ　米国――繁栄

米国の新聞・雑誌の発展は、戦争によって加速され、その後も順調に続いた。種類の異なる報道メディアの相互補完の典型例が米国である。ラジオとテレビの躍進が活字の紙誌の伸長を妨げることはなかった。新規の創刊、急速な成長、熾烈な競争は過去のものとなり、新聞・雑誌はマネージメントの時代に入っていた。経済要因が優越化し、新聞はニュースの媒体であるとともに広告の媒体ともなった。近代的な技術を導入したジャーナリズムは穏当化し、その手法は画一化した。

1　日刊紙

日刊紙の発行部数は着実に増えた。一九四〇年が四一〇〇万部、一九四五年が四八三〇万部、一九五〇年が五三八〇万部、一九六〇年が五八八〇万部、一九九〇年が六二六〇万部、以後は緩やかな減少（一九九七年に五六七〇万部）。戦後の新たな事業環境は、新聞チェーンの強化ではなく、地方紙の寡占化を助長した。ラジオ局やテレビ局を保有あるいは経営する地方紙もあった。日刊紙の題号数は、一九三〇年に一九四二紙、一九四〇年に一八四八紙、一九四五年に一七四九紙、一九五〇年に一七七〇紙、一九六〇年に一七六三紙、一九九〇年に一六一一紙、一九九七年に一五〇九紙。ただし、二紙以上が競合する都市は、一九二〇年の五五二から、一九五四年に八七、一九八一年には四二、一九九七年に三〇に減った。それが顕著だったのは大都市である。郊外紙との競合にさらされ、製作コストの増大に見舞われ、大規模ストライキなどの援護を受けた労働条件改善要求を突きつけられ、多くの新聞が消滅した。たとえばニューヨークでは、一九四五年に一〇紙あった日刊紙が現在では三紙しかない。このように大都市部で減少したとはいえ、全体的に見れば、日刊紙を発行する新聞社で生き残ったところは戦後も好調な業績を保った。それらは必要な投資を行なって発行業務を近代化し、ページの増量（日刊紙のページ建ての平均は一九四五年に二二ページ、一九七三年に五九ページ、一九九五年に七二ページ）に対応していくことができた。

2　雑誌

日刊紙以上に伸びたのが、その他の定期刊行物である。日刊紙が地域化した広大な米国で、真に全国規模で発行されていたのは、それ以外の新聞・雑誌だけだった。多くは日刊紙の発行元から出された分厚い日曜新聞に加え、『タイム』『ニューズウィーク』『USニューズ』のようなニュース雑誌が成功を収めた。『ルック』や『ライフ』のような週刊ニュース・グラフ誌も同様だったが、テレビが普及すると下降に転じた。女性誌には歴史のあるものも多い。『マッコールズ』、一八七〇年〔設立の会社が一八七三年に〕創刊、一九三〇年に二五〇万部、一九六三年に八二〇万部。『レディーズ・ホーム・ジャーナル』、一八八三年創刊。大衆誌『ウーマンズ・デイ』、一九三七年創刊。以上のほかにも、さまざまな専門雑誌が大きく成長した。進歩した技術を活用しつつ、読者の嗜好に合わせて体裁やスタイル、内容に絶えず変更を加えた米国の雑誌は、他の西洋諸国の紙誌のモデルとなった。

Ⅲ 英国——難航

1 市場の飽和

英国紙は戦時中も発展を続けた。ページ建ては減ったが、売上は落ちなかった。検閲が事件化したこともあまりない。共産党の『デイリー・ワーカー』が一九四一年一月から四二年九月まで発禁処分を受け、W・チャーチルに敵対的だった『デイリー・ミラー』が何度も廃刊される寸前になったぐらいのものだった。一九四七年までは大手日刊紙の部数競争がそれなりに平穏に続いた。だが、以後は市場がほぼ飽和状態に達し、雲行きが怪しくなる。

合計部数は一九五七年までは着実に増加、以後は減少に転じている。日刊紙は一九三七年に一七八〇万部、一九五七年に二八六〇万部、一九六七年に二六三〇万部、一九八七年に二三〇〇万部、一九九七年に一八五〇万部。日曜紙は一九三七年に一五三〇万部、一九五七年に三〇二〇万部、一九八七年に二〇七〇万部、一九九七年に一五二〇万部。英国新聞市場の大きな特徴をなす高級紙と大衆紙の差違は、戦後ますます鮮明になった。

新聞市場の危機を受けて、英国では調査委員会が設置され、詳細な検討を行なった。そして、それぞれ一九四九年と一九六二年に提出された二つの報告書に従って、企業集中に歯止めをかける政策に着手、新聞評議会の創設と再編にいたる。この機関はいわば道義的な監督役として新聞社に勧告を発し、記者の研修や職業倫理の面で大きな成果を上げた。

2　諸紙の動向

経済の深刻な低迷のなかで、まず一九六〇年に『スター』と『ニューズ・クロニクル』が消えた。オダムズ新聞社はセシル・キングが一九六一年に買収、〔一九六三年設立の〕インターナショナル・パブリッシング・コーポレーションに吸収し、その結果『デイリー・ヘラルド』は一九六四年に『サン』に衣替えされた。由緒ある『タイムズ』は、部数低迷で経営が赤字化、破綻が危ぶまれていた。一九六六年にトムスン卿に買い取られ、紙面刷新で部数も回復。次いで一九八一年に、英国市場に一九六九年から進出していたオーストラリアの富豪ルパート・マードックに売却された。雑誌に関しては、英国では日曜紙に圧倒されて、米国や大陸ヨーロッパのような発展の機会は得られなかった。それを象徴する例が一九五七年の『ピクチャー・ポスト』の終刊である。女性誌とテレビ情報誌を別とすれば、戦後の英国誌には他の諸国ほどの活気はないように見える。

Ⅳ　ドイツ――再建

1　新聞復活を取り巻く状況

かつてのナチスの紙誌は、敗戦後のドイツでは全滅した。新聞の再建は一九四五年以降、連合国がそれぞれの占領地域で施行した免許《リツェンツ》制度のもとで進められた。免許は旧体制に荷担しなかった個人にのみ与えられた。この制度により、戦後ドイツの新聞は地域性を強めることになる。東側では、新規に創刊された新聞は、当然ながら共産体制にありがちな編成で、党機関紙『ノイエス・ドイチュラント（新しいドイツ）』および『ベルリン新聞』が二大全国紙であった。

西側では、新聞の再生は速やかに進行した。一九四九年五月にドイツ連邦共和国が成立し、出版の自由が回復すると、免許制度は廃止される。新規に設立された新聞社の大部分は、ゼロからの社屋建設と設備調達という制約により、最初から非常に近代的なものになった。労働力の不足もまた、ある意味で有利に働いた。仕事量を抑えようとする労働組合の圧力なしに、印刷工場の自動化に着手できたからだ。一九四五年末に六〇〇万部に落ちていた日刊紙は、一九五〇年に一三六〇万部、一九六〇年に一八一〇万部、一九六八年に二一三一〇万部、一九八五年には二五五〇万部、ドイツ再統一後の一九九七年には二九四〇万部へと伸びた。

2　新たな編成

ドイツの新たな紙誌は当初は細分化されていたが、じきに企業集中の動きが現われる。一〇〇〇以上に分かれていた日刊紙のなかに、編集・技術・営業部門を共通化する広域グループが形成され、やがて新聞社自体も支配するようになる。そうした系列化がとりたてて問題視されることもなしに、各地の主要都市で地域紙が優勢に立った。この時期のもうひとつの特徴は、新聞の政治性の稀薄化である。主要政党の機関紙よりも「独立的」な新聞の影響力が高まった。それらの一部は、全国的に読まれはしないまでも、全国的な影響力をもつにいたっている。フランクフルトの『フランクフルト一般新聞』、ミュンヘンの『南ドイツ新聞』、デュッセルドルフの『ライン・ポスト』、ハンブルクで創刊され、順次ボン、ベルリンに拠点を移した『ヴェルト（世界）』。

戦後の西ドイツに形成されたのは、地方レベルや広域レベルのネットワークだけではない。大衆向けに全国展開されるコンパクトで安価な新聞・雑誌も存在する。これを得意とするアクセル・シュプリンガーは、他のヨーロッパ諸国に類例のない一大帝国を築き上げた。

シュプリンガーが発刊したのは、一九四六年にハンブルクで〔英占領当局から〕免許を受け、月刊誌として創刊し、後に週刊化したラジオ情報誌『ヘール・ツー（聞いてよ）』。一九四八年に雑誌『クリスタル』と日刊紙『ハンブルク夕刊新聞《アーベントブラット》』。一九五二年に『ビルト』。この新聞は瞬く間に成功を収め、西ドイツ全土に展開した（一九五五年に二〇〇万部）。さらに一九五三年にはハンブルクの高級紙『ヴェルト』を取得。他にも複数の雑誌を創刊、数々の企業に資本参加し、ベルリンその他に非常に近代的な印刷工場を建てた。強大な力をもったシュプリンガー・グループは、多くの政治的問題を招いた。

系列グループの構築に成功した出版人はほかにもいる。バウアー、ブツェリウス、グルナー＆ヤール[1]などだが、それらのグループのなかには日刊紙を保有しないところもある。

（1）後三者はベルテルスマン・グループのルーツ〔訳注〕。

戦後の西ドイツで発刊された数々の定期刊行物のなかで、異彩を放っているもののひとつが、ルードルフ・アウグシュタインの創刊した『シュピーゲル（鏡）』である。一九四六年十一月に〔前身誌が〕発刊され、ニュース雑誌の形式で成功した。一九六二年に〔ＮＡＴＯの演習をスクープして〕訴追されたが、事件によって苦境に陥りはしなかった[1]。

（1）「文庫クセジュ」三五二三番 *Les Médias en Allemagne*, Paris, Puf, « Que sais-je ? » 参照。

Ｖ　ソ連――発展しつつも変化は緩慢

ソ連の新聞の編成は、大戦前とほぼ変わらなかった。新たに全国紙が創刊されることは稀にしかなかったが、製作技術と発行部数の点では、ことに六〇年代以降は著しい発展が見られた（人口一〇〇〇人あたりの日刊紙の部数は一九六〇年に一七二部、一九七〇年に三三六部、一九九〇年に四七七部）。値段の安さとページ数の少なさは相変わらずだった。それぞれ一九六六年に五〇〇万部を超え、一九七六年に一〇〇〇万部に迫った『プラウダ』と『イズヴェスチヤ』を筆頭に、一五紙ほどの中央の日刊紙が各共和国の「地域」紙を明らかに凌駕する状況にあった。

ソ連のジャーナリズムがもっていた教導的な考え方は、スターリンの死後もあまり変わらなかった。ソ連式の新聞の制度が崩れたのは、ゴルバチョフが政権に就き、ソ連が瓦解した一九八〇年代終わりのことである。

VI フランス――再生と危機

1 法的地位の大転換

一九四四年五月六日、六月二十二日、八月二十六日、九月三十日の政令《オルドナンス》を通じて、戦時中の新聞は粛清された。ドイツ軍の統制下で北部地域、次いで南部地域で復活していた諸紙は廃刊処分、会社財産は接収されて新聞事業公社（SNEP）に委ねられる。新たな新聞社は、当初はその貸し出しを公社から受けたが、廉価で買い取る制度に変更された一九五四年に、ようやく「一城の主」となった。既存の諸紙のうち発行認可を得られたのは、地下発行の機関紙、適切な時期に自主停刊した新聞、関係者がレジスタンス参加を証明できた新聞だけであった。

出版法違反罪は刑事裁判所の管轄とされた。新聞社の法的地位が定められ、従来のような代表人ではなく社主の実質的な代理人たる発行者を定めることとされ、名義貸しは禁じられた……。企業集中を防ぐため、日刊紙の保有は一紙に限られた。とはいえ一九四四年の一連の政令には、新聞社の独立性を明記し、カネの権力の経営介入を制限しようとする規定は含まれていない。配送に関しては、フランス新聞取次社（MFP）が立ち上げられるが経営破綻し、一九四七年四月二日に新パリ新聞取次社（NMPP）が設置される。新聞社組合（五一パーセントを保有）が設立者ではあるが、経営はアシェット・グループ（四九パーセントを保有）に任された。通信社に関しては、一九四四年九月三十日に設立され、一九五七年一月十日に独自の法的地位を付与されたAFP通信が、一世紀あまり存続したアヴァス通信から世界的通信社の座を引き継ぐことになる。業界団体に関しては、全仏新聞連盟（FNPF）が創設され、新聞の種類ごとに分かれた傘下の社主組合とともに、新たなフランス新聞界の構築に重要な役割を果たした。このようにフランスの制度は、ドイツをさておくとすれば、他のどの欧米諸国にも見られないほど劇的に変貌した。

2　熱狂から危機へ――一九四六〜九〇年

戦後のフランスの新聞市場の変化を示す数字をいくつか挙げる。日刊紙の発行部数はまず一九四六年末に一五〇〇万部まで増加。これは少ないページ数と安い価格によるところが大きい。その後は下降に転じ、一九五二年に九六〇万部。それから再び上昇に転じ、一九七二年に一一三〇万部。以降は低落の一途をたどる（一九九〇年に九七〇万部、二〇〇三年に八二〇万部）。同じ時期に、人口は一九三六年の三六〇〇万人から、二〇〇五年の六〇〇〇万人へと増加を続けた。日刊紙の題号数は、一九四六年にパリが二八紙、地方が一七五紙、二〇〇〇年にパリが一〇紙、地方が五六紙。総発行部数に占める地方紙の割合も顕著に変化し、一九三九年に五〇パーセント、一九九七年に七六パーセント。新聞各社の財務状態は脆弱だった。用紙が不足していたため、ページ建てはなかなか増やせなかった。価格はインフレのせいで上がり続けた（一九四六年に四フラン、一九五九年に二五フラン、一九八六年に四・五フラン＝四五〇旧フラン）。印刷工の労働条件改善要求が高まったことで、新技術の採用が妨げられ、製作部門の人件費は上がった。一九四六年から四七年にかけての冬のストライキや、『パリジャン・リベレ（解放されたパリ市民）』の労働争議の長期化（一九七五年三月〜七七年八月）が象徴的である。これらの要因が重なった結果、幹部がマネージメントの経験に乏しい多くの新聞社は、消滅あるいは経営不安の憂き目を見た。高度成長期の好景気にもかかわらず、フランスの新聞社は他の欧米諸国よりもはるかに少ない広告収入しか得ていなかった。

（A）全国日刊紙

『リュマニテ』は、党活動家の愛読と東欧諸国の定期購読を支えに存続。それ以外の共産党の諸紙、『ス・ソワール』や大部分の地方日刊紙は早期に消滅。社会党の『ポピュレール』、『パリ・ジュール』に改題した『フラン・ティルール』、『コンバ』、『リベラシオン』は〔一九五八年に始まる現行の〕第五共和政期まで存続して停刊。『フィガロ』と『オロール』は、かつての愛読紙が発禁になった穏健派の読者を奪い合った。『ラ・

クロワ』は宗教新聞に立ち戻った。版元の〔ボンヌ・プレス出版会の後身である〕バイヤール出版は、多くの定期刊行物を擁して安定。『フランスの防衛』の後継紙『フランス・ソワール』は、アシェット・グループに買収され、単独首位に立つ最大手紙となった。硬派紙では『ル・モンド』が卓越紙《レフェランス》に。大衆紙『パリジャン・リベレ』は、英国やドイツの「はきだめ新聞」のような低劣路線に流れずに成功。加えて系列紙『レキップ（チーム）』も好調。地方では、大都市で発行される主要地域紙が、自紙の地方版に近隣小都市の地方紙の大半を吸収、それぞれの地域で優位を固めた。『北国の声』『エスト・レピュブリカン（共和派東部）』『アルザス最新《デルニエール》ニュース』『リヨンの進歩』『プロヴァンサル』『南仏速報』『モンターニュ（山岳）』『シュッド・ウエスト（南西部）』、（フランス最大の日刊紙となった）『ウエスト・フランス』など。

（B）出版系列グループの復活

企業集中は政治的に危険であるとしてフランス全土解放の時点で否定されたが、第四共和政〔一九四七〜五八年〕が終わる頃には、強大な出版系列グループが形成されていた。その多くはパリの日刊紙が中核となって、雑誌の創刊や復刊を展開し、さらに書籍出版にも事業を拡大した。アシェット・グループ、歴史は古い。アモリ・グループ、『パリジャン・リベレ』の労働争議で一時的に弱体化した。デル・ドゥカ・グループ、『パリ・ジュール』でタブロイド紙のフランス版を始め、創業者の死後に分解。ロベール・エルサン・グループ、一九五八年から地方紙の征服に乗り出し、一九九六年にエルサンが死去した時点で二五紙前後の日刊紙を保有。一九七五年にプルヴォー・グループの代替わりに際して買収した『フィガロ』

を中核として、部数ベースでフランスの三分の一近くに相当する日刊紙を支配した。

とはいえ、これらのフランスの企業グループは、ドイツや英米の規模には遠く及ばなかった。ヨーロッパ第一ラジオ局を傘下に置いたアシェットを除き、事業を視聴覚メディアに拡大できなかったことが響いている。国営ラジオ局・テレビ局の独占が維持されていた時期もあったのは事実だが、自由化後に続々と誕生した自由ラジオ局や民放テレビ局に、主要地域紙も、エルサン・グループも、(一九八一年にアシェットを買収した)ラガルデールのグループ〔マトラ〕も参入することができなかった。一九八一〜八五年の自由化後にテレビやラジオへの参入を果たしたのは、ブイグやアヴァス〔旧広告部門〕、ヴィヴェンディやダッソーなど、もともとはジャーナリズムの局外で事業を行なっていた企業だった……。『ル・モンド』は二〇一〇年に、株式の大部分を三人の部外者に譲渡することを余儀なくされた。AFP通信も同じ頃に財政危機の打開策として、ルポ動画の制作拡大や、法人形態の「近代化」を迫られた。

(C) 日刊紙以外の盛況

日刊紙の苦戦を尻目に、その他の定期刊行物はカラー・グラフ誌をはじめ好調で、高収益のものが多かった。『レクスプレス』、一九五三年創刊。『ヌーヴェル・オプセルヴァトゥール』、一九六四年創刊。『ル・ポワン』、一九七二年創刊。いずれも米国のニュース雑誌を手本に、形式も内容も刷新した総合週刊誌。『パリ・マッチ』、新しいタイプのグラフ誌として国外からも長く羨望の目で見られた。『カナール・アンシェネ』は、モノトーン活版印刷の紙面作りで大成功。女性誌『エル』、世界的な定評を得た。

テレビ情報誌、世界の他の国々と同じく、これが最高発行部数を記録。日曜紙、まるで週末の過ごし方が英米とは大きく違うとでも言うかのように、フランスではまったく伸びていない。経済紙もまた、『ウォール・ストリート・ジャーナル』や『フィナンシャル・タイムズ』の部数には遠く及ばず。

Ⅶ　デジタルの来襲――一九九〇年～

一九七二年、テレビ受信機の台数が日刊紙の発行部数を超えた……。

一九八一年にラジオとテレビの市場が民放に開放された時、放送事業に参入できなかったのと同様に、デジタル・メディアが登場した時も、フランスの新聞社には出る幕がなかった。地上波デジタル民放テレビ局の増加、パソコンの急成長、音声・文字・画像・動画を伝送する多機能型携帯電話の普及は、定期刊行物の世界に激動を引き起こしている。新たに出現した無料紙は、好調な滑り出しの後に失速したため、既存の紙誌が駆逐されるような事態にはならずに済んだ。だが、新たなメディアが現われて以降、人々が新聞・雑誌を読む時間は侵食されている。さらに広告収入のシェアも地上波デジタル・テレビや電話に奪われている。そうした激動期にあって、資料性の高い新聞のなかには、オンラインのデータベースやデータバンクに取って代わられるところも出てきた。あらゆる分野の紙誌がこぞって「オンライン」版の開始を決断、「紙」を残した場合も部数は減った。米英その他の国々では過去二〇年の間に、多くの新聞が「オンライン」版への事業集中に舵を切った。フランスの場合は二〇一二年一月、日刊経済紙『トリビューヌ』が印刷をやめた最初の事例である。日刊紙の概況として、紙媒体の部数は漸減、オンライン版の登録のほうは、成功例では活字版の最大四分の一に達している。

あたかもジャーナリズムが印刷された紙面とは異なる媒体に開眼したかのごとくであり、過去四世紀にわたる紙媒体の新聞・雑誌の将来は今や見通せなくなっている。

フランス日刊紙市場の推移[1]

	題号数		合計部数（単位：1000）	地方紙の割合（単位:パーセント）	人口1000人あたりの部数
	パリ	地方			
1788	2	1	4.5	9	0.2
1813	4	4	36	8	1.2
1831/1832	17	32	105	19	3
1863	16	60	320	37.5	8.5
1867	21	57	963[2]	20.7	25
1870	36	100	1,420	32.7	37
1880	60	190	2,750	27.3	73
1914	80	242	9,500	44.3	244[4]
1939	31	175	11,000	50	261[5]
1946	28	175	15,120	60.6	370
1952	14	117	9,600	64	218
1980	12	73	10,448	72.1	195[6]
2005	10	58	8,272[3]	75.9	135.6[7]
2010	10	57	7,544	75.75	
2016	9	54	5,758[8]	79.03	

(1) 日刊より発行間隔の長い総合ニュース紙は含まない。
(2) うち58万部が政治を論じない5サンチーム紙。
(3) 無料紙150万部超を含む。
(4) この時期のフランスは世界第二位。一位は米国で260部、三位は英国で190部。
(5) 英国が360部、米国が320部。
(6) ノルウェーが615部、日本が591部、英国が393部、西ドイツが325部、米国が253部、イタリアが95部。
(7) 日本が630部、ノルウェーが601部、英国が335部、ドイツが298部、米国が241部、イタリアが116部。
(8) 無料日刊紙178万3000部超を含む。

訳者あとがき

二〇一八年に刊行された原著 Pierre Albert, *Histoire de la presse* は、Puf, « Que sais-je ? » n° 368 として、エミール・ボワヴァン『新聞の歴史』（城戸又一・稲葉三千男共訳、一九六一年）の後を継ぐ。ポケット版の枠内での「フランス新聞史プラスα」の構成は前著と変わりないが、通信社、関連技術、および（主にフランスの）規制の変遷に割かれた紙幅が増した。最大の特徴は、「読み物」的な興趣が減じたかわりに、登場する題号数が（地方紙も含めてフランスは相当、独・英・米も若干）増え、また諸々の雑誌も挙げられて、資料性が高まった点だろう。そのため邦訳書では題号一覧と人名・その他の索引を巻末に付している。

題号一覧は（通称を基準とし、原則的に訳文中では省略した冠詞を除いた部分での）ＡＢＣ順、創刊年は文中で前身紙に遡及している場合はそれに合わせ、同一題号で継続性のないものは別個に並べた。人名・その他の索引はアイウエオ順、新聞・雑誌に直接かかわる項目に絞った。人名は明らかに筆名然としたもの以外、筆名でも特に本名を記していない。創業者一族の姓が屋号となっている企業名は人名に分類したものもある。本編に挟むのは煩雑と思われた補足情報はここに収めた。

固有名詞の表記は、知りえたかぎりで原音に近づけつつ、慣用を考慮する方針をとった。その結果、題号名に関しては、独語は和訳表記が多く、英語その他はほぼカタカナ、仏語は両者混在となっている。カタカナ表記に意味を、和訳表記にルビを添えた部分もある。本文中の丸カッコ（ ）とブラケット［ ］は原文に由来、亀甲カッコ〔 〕は訳者の補注である。

このようにミニ事典的な趣もある本書を著わしたピエール・アルベールはメディア史家、専門は第三共和政期の新聞（博士論文 *Histoire de la presse politique nationale au début de la Troisième République, 1871-1879*, Paris IV, 1977）。パリ第二大学メディア研究所IPFの所長を一九八六年から九四年まで務め、同大名誉教授。著書に *La Presse ; Histoire générale de la presse française*, Tome III ; *La Presse française. Au défi du numérique* など（書誌情報は文献リストのページに）。二〇一八年十月に他界、この *Histoire de la presse* が遺作となった。

本書の叙述は前述のように「読み物」性の薄い謙抑的なものだが、とはいえ著者のスタンスがところどころに透けて見える。ひとつは米国流のインフォメーション重視の新聞に対するフランス流のオピニオン重視の新聞への愛着。もうひとつは、米国のようなコングロマリット化にフランスは乗り遅れているとの懸念。この二つの両立は訳者の感覚では奇妙に思えなくないが、主要な紙誌の多くが政府から補助金を得ているフランス独特の、パブリックの観念の一様態であるかもしれない。

多数の情報が圧縮されている本書の翻訳は、通常であれば訳者の疑問を氷解させてくれる著者が故人となってしまっただけに難航した。独文学の鈴木将史先生、社会思想史の林直樹先生、印刷博物館の石橋圭一氏、解釈を助けてくれた本田ヴァレリーさんとリリアンヌ・ラタンジオさん、索引作成の労をはじめ足を向けては寝られない白水社の小川弓枝さんに、心から感謝申し上げたい。原著の誤記と思われた箇所は訳者の責任で校正し、氷解しなかった疑問には愚直な訳注を付してはいるが、誤りがあれば御叱正を賜われば幸いである。

訳者はジャーナリズムの研究者でも実践者でもなく、新聞との接点は『ル・モンド』系列月刊紙の日本語ネット版の立ち上げ経験が過去にあるだけである。その後にインターネットの普及が劇的に進み、ニュースの断片フラット情報化が昂じている二〇二〇年現在、世界の有力紙は（とりわけ陰に陽に政治性を帯びた類の）事象の再文脈化の一翼をまだ担えるのだろうか。そうであることを願う。

最後に日本語の参考文献を管見のかぎりで挙げる（紙幅の都合で副題は原則割愛。表題を一重カギに入れた論文はネット上で参照、掲載誌名は省略させていただいた）。

アンソニー・・スミス『ザ・ニュースペーパー』、仙名紀訳、新潮社、一九八八年
梶谷素久編著『新・ヨーロッパ新聞史』、ブレーン出版、一九九一年
磯部佑一郎『イギリス新聞史』、ジャパンタイムズ、一九八四年
トニー・グレー『さらばフリート街——英新聞興亡の四〇〇年』、江口浩・中川一郎共訳、新聞通信調査会、一九九一年
磯部佑一郎『アメリカ新聞史』、ジャパンタイムズ、一九八四年
エーリヒ・シュトラスナー『ドイツ新聞学事始』、大友展也訳、三元社、二〇〇二年

（以下は本書の構成に沿った順序で）
江口豊「ドイツ語圏における新聞の前身形態について」、二〇一四年
大友展也『新聞原典史料「アヴィーゾ」「レラツィオーン」』、東北大学出版会、二〇一四年
江口豊「多義的なメディア見本市通信（Messrelation）」、二〇一七年
江口豊「オランダにおける新聞成立と普及、その特性について」、二〇一六年
芝田正夫『新聞の社会史――イギリス初期新聞史研究』、晃洋書房、二〇〇〇年
名城邦孝「世界初の文芸誌『ジュルナル・デ・サヴァン』」、二〇〇八年
森原隆「一八世紀後期フランスにおける外国紙と『ガゼット』」、一九九六年
森原隆「一七七〇年代フランス・モープー期の『ガゼット』改革をめぐって」、一九九八年
森原隆「C・J・パンクックとフランス革命前夜の新聞・雑誌」、一九九四年
鈴木将史「フォス新聞――ドイツ語圏最初の教養新聞」、二〇〇〇年
片山正彦「通信社の役割」、二〇〇六年
倉田保雄『ニュースの商人ロイター』、新潮社、一九七九年
田村毅「超王党派の新聞『日々』紙を読む」、一九九四年
小倉孝誠『一九世紀フランス夢と創造――挿絵入新聞「イリュストラシオン」にたどる』、人文書院、一九九五年
小倉孝誠『一九世紀フランス光と闇の空間――挿絵入新聞「イリュストラシオン」にたどる』、人文書院、

一九九六年
鹿島茂『新聞王伝説――パリと世界を征服した男ジラルダン』、筑摩書房、一九九一年
鈴木雄雅「新聞経営の先達者――ウォルター家と『ザ・タイムズ』」二〇一〇年、一六年
西尾宇広「ファマとメルクリウス――ジャーナリズムの歴史から見たクライスト『ベルリン夕刊新聞』の位置」、二〇一八年
鈴木将史「ベルリン主要新聞興亡表」、二〇〇一年
深田眞壽惠「ドレフュス事件におけるラ・リーブル・パロール紙の役割」、一九九九年
南祐三「ナショナリズム・ファシズム・コラボラシオン――フランス極右週刊紙『ジュ・スイ・パルトゥ』（一九三〇―一九四四）のドイツ観」、二〇〇八年
中村督「戦後フランスにおける情報秩序の再構築に関する予備考察」、二〇一四年、一五年

なおフランス紙の多くはdata.bnf.frで基本情報を確認できる。その個別ページからアーカイブにリンクされている題号も少なくない。旧体制期についてはリヨンの機関ＩＨＲＩＭ、ＭＳＨの研究者グループが編纂した多数のリソースをgazetier-universel.gazettes18e.frから参照できる。

訳者

二〇二〇年三月

題号一覧

［　］内は創刊年を表わす

A

B

C

D

E

F

G

K

L

M

N

O

P

Q

R

S

W

Z

他

索引（人名）

ア行

カ行

サ行

タ行

ナ行

ハ行

マ行

ヤ行

ラ行

索引（その他）

アルファベット

ア行

カ行

サ行

タ行

ハ行

マ行

ヤ行

ラ行

ワ行

フランス語文献の精選リスト

i. 総論

Bibliographie de la presse française politique et d'informations générales des origines à 1944, fascicules par département, Bibliothèque nationale de France, 1964.

Histoire générale de la presse française, publiée sous la direction de C. Bellanger, J. Godechot, P. Guiral et F. Terrou, aux Puf.

T. I : *Des origines à 1814*, par L. Charlet, J. Godechot, R. Ranc et L. Trenard, préface de P. Renouvin, 1969.

T. II : *De 1815 à 1871*, par L. Charlet, P. Guiral, C. Ledré, R. Ranc, F. Terrou et A.-J. Tudesq, 1969.

T. III : *De 1871 à 1940*, par P. Albert, L. Charlet, R. Ranc et F. Terrou, 1972.

T. IV : *De 1940 à 1958*, par C. Bellanger, C. Lévy, H. Michel, F. Terrou, 1975.

T. V : *De 1958 à nos jours*, par C. Bellanger, L. Charlet, R. Ranc, F. Terrou, 1976.

Tables du journal « Le Temps », volumes parus de 1861 à 1900, 10 vol., Éd. du CNRS, 1966–1982.

Feyel G. (dir.), *Dictionnaire de la presse française pendant la Révolution, 1789–1799. La presse départementale*, 5 vol., Centre international d'études du XVIIIe siècle, 2005.

Hatin E., *Histoire politique et littéraire du journal en France*, 8 vol., 1859–1861 ; rééd. Slatkine, 1967.

——, *Bibliographie historique et critique de la presse périodique française*, 1866 ; rééd. Anthropos, 1965.

Sgard J. *et alii*, *Dictionnaire des journaux (1600–1789)*, 2 vol., Éd. Universitas, 1991.

Weill G., *Le Journal, origines, évolution et rôle de la presse périodique*, Renaissance du Livre, 1934.

ii. 各論

Albert P., *La Presse française*, La Documentation française, 1978 ; 7e éd. 2014.

——, *La France, les États-Unis et leurs presses*, Centre Pompidou, 1977.

——, *Histoire de la presse politique nationale (1871–1879)*, 2 vol., Honoré

Champion, 1980.
Albert P., Koch E., *Les Médias en Allemagne*, Puf, « Que sais-je ? », n° 3523, 2000.
Amaury F., *Histoire du plus grand quotidien de la III*^{e} *République. « Le Petit Parisien » (1876–1944)*, 2 vol., Puf, 1972.
Balle Dr F., *Dictionnaire des médias*, Larousse, 1998.
—, *Médias et société*, Montchrestien, 1973 ; 13e éd. 2005.
Delporte C., *Histoire du journalisme et des journalistes en France*, Puf, 1995.
Ferenczi T., *L'Invention du journalisme en France. Naissance de la presse moderne à la fin du XIX*^{e} *siècle*, Plon, 1993.
Feyel G., *La Gazette en province à travers ses réimpressions, 1631–1752*, Holland University Press, 1982.
—, *La Presse en France des origines à 1914*, Ellipses, 1995.
—, *L'Annonce et la Nouvelle. La presse d'information française sous l'Ancien Régime*, Fondation Voltaire, 2000.
Feyel G. *et alii*, *La Distribution et la diffusion de la presse du XVIII*^{e} *siècle au III*^{e} *millénaire*, Éd. Panthéon Assas, 2002.
Guillauma Y., *La Presse politique et d'information générale en France de 1944 à 1958. Inventaire des titres*, Yves Guillauma, 1995.
Huteau J., Ullmann B., *AFP, une histoire de l'Agence France-Presse 1944–1990*, Robert Laffont, 1992.
Kayser J., *Mort d'une liberté*, Plon, 1955.
Kintz J.-P., *Journaux politiques et journalistes strasbourgeois sous le Second Empire (1852–1870)*, Istra, 1974.
Labrosse C., Rétat P., *Naissance du journal révolutionnaire*, Presses Universitaires de Lyon, 1989.
Lefebure A., *Havas, les arcanes du pouvoir*, Grasset, 1992.
Lerner H., *« La Dépêche », journal de la démocratie. Contribution à l'histoire du radicalisme en France sous la Troisième République*, 2 vol., Publications de l'Université de Toulouse / Le Mirail, 1978.
Martin Dr M., *Histoire et médias. Journalisme et journalistes français, 1950–1990*, Albin Michel, 1991.
—, *Trois siècles de publicité en France*, Odile Jacob, 1992.
—, *La Presse régionale. Des affiches aux grands quotidiens*, Fayard, 2002.
—, *Les Grands Reporters. Les débuts du grand journalisme moderne*, Audibert, 2005.
Palmer M., Boyd-Barret O., *Le Trafic des nouvelles. Les agences mondiales*

d'information, Alain Moreau, 1981.
Rémond R., Poulat É. (dir.), *Cent ans d'histoire de « La Croix », 1888–1983*, Le Centurion, 1988.
Rieffel R., *Mythologie de la presse gratuite*, Le Cavalier Bleu, 2010.
Roth F., *Le Temps des journaux. Presse et cultures nationales en Lorraine mosellane, 1860–1940*, Éd. Serpenoise, 1983.
Visse J.-P., *La Presse du Nord-Pas-de-Calais au temps de « L'Écho du Nord », 1819–1944*, Presses universitaires du Septentrion, 2004.
—, *La Presse arrageoise, 1788–1940*, Les amis de Panckoucke, 2009.
—, *La Presse du Bassin minier du Pas de Calais, 1790–1940*, Les amis de Panckoucke, 2010.
—, *La Presse douaisienne, 1790–1940*, Les amis de Panckoucke, 2017.
Wolfensinger J., *L'Histoire à la Une. La grande aventure de la presse*, La Découverte / Gallimard, 1989.

訳者略歴
斎藤かぐみ（さいとう・かぐみ）
1964 年生まれ
東京大学教養学科卒業　欧州国際高等研究院（IEHEI）修了
フランス語講師・翻訳
主な訳書に『力の論理を超えて――ル・モンド・ディプロマティーク 1998-2002』（共編訳、NTT 出版）、ベアトリス・アンドレ゠サルヴィニ『バビロン』、ジャック・プレヴォタ『アクシオン・フランセーズ』、ムスタファ・ケスス／クレマン・ラコンブ『ツール・ド・フランス 100 話』（以上、白水社文庫クセジュ）、アンヌ゠マリ・ティエス『国民アイデンティティの創造』（共訳、勁草書房）、セジン・トプシュ『核エネルギー大国フランス』（エディション・エフ）などがある。

文庫クセジュ　Q 1035
新聞・雑誌の歴史

2020年4月20日　印刷
2020年5月10日　発行
著　者　ピエール・アルベール
訳　者 ©　斎藤かぐみ
発行者　及川直志
印刷・製本　株式会社平河工業社
発行所　株式会社白水社
東京都千代田区神田小川町 3 の 24
電話　営業部　03（3291）7811 / 編集部　03（3291）7821
振替　00190-5-33228
郵便番号　101-0052
www.hakusuisha.co.jp

乱丁・落丁本は，送料小社負担にてお取り替えいたします．
ISBN978-4-560-51035-3
Printed in Japan

文庫クセジュ

歴史・地理・民族（俗）学

62 ルネサンス
79 ナポレオン
133 十字軍
160 ラテン・アメリカ史
191 ルイ十四世
338 ロシア革命
351 ヨーロッパ文明史
382 海賊
491 アステカ文明
530 森林の歴史
541 アメリカ合衆国の地理
597 ヒマラヤ
636 メジチ家の世紀
648 マヤ文明
664 新しい地理学
665 イスパノアメリカの征服
684 ガリカニスム
689 言語の地理学
713 古代エジプト
719 フランスの民族学
724 バルト三国
760 ヨーロッパの民族学
767 ローマの古代都市
769 中国の外交
790 ベルギー史
810 闘牛への招待
812 ポエニ戦争
813 ヴェルサイユの歴史
816 コルシカ島
819 戦時下のアルザス・ロレーヌ
831 クローヴィス
842 コモロ諸島
856 インディヘニスモ
857 アルジェリア近現代史
858 ガンジーの実像
859 アレクサンドロス大王
861 多文化主義とは何か
865 ヴァイマル共和国
872 アウグストゥスの世紀
876 悪魔の文化史
879 ジョージ王朝時代のイギリス
882 聖王ルイの世紀
883 皇帝ユスティニアヌス
885 古代ローマの日常生活
889 バビロン
890 チェチェン
896 カタルーニャの歴史と文化
898 フランス領ポリネシア
902 ローマの起源
903 石油の歴史
904 カザフスタン
906 フランスの温泉リゾート
913 フランス中世史年表
915 クレオパトラ
918 ジプシー
922 朝鮮史
925 フランス・レジスタンス史
928 ヘレニズム文明
935 カルタゴの歴史

文庫クセジュ

938 チベット
942 アクシオン・フランセーズ
943 大聖堂
945 ハドリアヌス帝
948 ディオクレティアヌスと四帝統治
951 ナポレオン三世
959 ガリレオ
962 100の地点でわかる地政学
964 100語でわかる中国
967 コンスタンティヌス
974 ローマ帝国
979 イタリアの統一
981 古代末期
982 ショアーの歴史
986 ローマ共和政
988 100語でわかる西欧中世
993 ペリクレスの世紀
995 第五共和制
1001 第一次世界大戦
1004 クレタ島
1005 古代ローマの女性たち
1007 文明の交差路としての地中海世界
1010 近東の地政学
1014 『百科全書』
1028 ヨーロッパとゲルマン部族国家

文庫クセジュ

社会科学

文庫クセジュ

語学・文学

266 音声学
514 記号学
579 ラテンアメリカ文学史
598 英語の語彙
618 英語の語源
646 ラブレーとルネサンス
711 中世フランス文学
714 十六世紀フランス文学
716 フランス革命の文学
721 ロマン・ノワール
729 モンテーニュとエセー
753 文体の科学
774 インドの文学
776 超民族語
784 イディッシュ語
788 語源学
817 ゾラと自然主義
822 英語語源学
829 言語政策とは何か
838 ホメロス
840 語の選択
846 社会言語学
855 フランス文学の歴史
868 ギリシア文法
924 二十世紀フランス小説
934 比較文学入門
949 十七世紀フランス文学入門
955 SF文学
965 ミステリ文学
971 100語でわかるロマン主義
976 意味論
980 フランス自然主義文学
1008 音声の科学

文庫クセジュ

芸術・趣味

333 バロック芸術
336 フランス歌曲とドイツ歌曲
377 花の歴史
554 服飾の歴史―古代・中世篇―
589 イタリア音楽史
591 服飾の歴史―近世・近代篇―
662 愛書趣味
683 テニス
700 モーツァルトの宗教音楽
703 オーケストラ
728 書物の歴史
750 スポーツの歴史
771 建築の歴史
772 コメディ=フランセーズ
785 バロックの精神
804 フランスのサッカー
808 おもちゃの歴史
820 フランス古典喜劇
821 美術史入門
849 博物館学への招待
850 中世イタリア絵画
852 二十世紀の建築
860 洞窟探検入門
867 フランスの美術館・博物館
886 イタリア・オペラ
908 チェスへの招待
916 ラグビー
920 印象派
923 演劇の歴史
929 弦楽四重奏
947 100語でわかるワイン
952 イタリア・ルネサンス絵画
953 香水
969 オートクチュール
972 イタリア美術
975 100語でわかるガストロノミ
984 オペレッタ
991 ツール・ド・フランス100話
998 100語でわかるクラシック音楽
1006 100語でたのしむオペラ
1017 100語でわかる色彩
1023 社会主義リアリズム
1026 アラブ音楽
1029 アール・ブリュット